JN220063

先人の知恵に学ぶ

～母から貰った一冊の本～

その復刻と解説

竹内資郎

ブックウェイ

先人の知恵に学ぶ
~母から貰った一冊の本~（その復刻と解説）　目　次

まえがき

一昨年に半寿となったのを機に、自宅の本棚を整理していたら、隅の方から、ボロボロになった一冊の本が見つかった。幼き頃、母から貰ったもので、表紙は剥がれ、中身も一部が破損したり汚損したりしていた。

これは、昭和十四年一月、講談社の雑誌「キング」新年号附録として発行されたもので、「考えよ！　そして偉くなれ」と題する小冊子である。

ところで、「偉くなれ」とか、「出世する」という言葉の意味は、日本では長い間〝いやらしいもの〟あるいは〝卑屈なもの〟として誤解され、軽蔑されてきた。

ここで「偉くなれ」という場合、全体主義的国家の中での「偉くなり方」とは全く違い、個々人が志を立てて、それぞれの道で「偉くなる」「立派な人間になる」。ことである。

この本には、数多くの偉人英傑大成功者が登場するが、その「偉くなり方」はそれぞれに違う。大統領として偉くなっている人もいるし、軍人として偉くなっている人もいる。まんじゅう屋の主人の話もあれば、うなぎ屋の主人もいる。二宮尊徳もいれば、相撲の大関もいる。

このように見てくると、この本の中に流れている思想は、どの話にも云えることであるが、「成功の秘訣」とは、突き詰めれば、昔或る高僧が云われているように「本人の努力」「他人の援助」そして「神仏の加護」の三要素が必要ということになるであろうか。

少年時代の私は、この本を手元に置いてよく読んでいた。特に興味を惹かれる話は、何度でも繰り返して読んだものである。そして何年か間をおいて、又、読み返して見る。そうすると、同じ内容でも、読む時代ごとに感じ方というか、理解の仕方が少しづつ違ってきていたと思う。

兎も角、この本は、私にとって母から授かった「わが青春のバイブル」であったと思っている。

この本は百十一話から構成されているが、内容的に今の世情にそぐわないと思われるもの、破損、汚損などのため、内容が読み取れないものを除き、九十一話を撰び出し、その復刻と若干の解説を試みたものである。

なお、この本の内容については、冒頭に記されている「編纂の辞」を見れば、さらによく理解できると思うので掲載して置く。

編纂の辞

立派な人物を作る、どうしたらそれが出来るか。家庭を明るくする、どうしたらそれが出来るか。立身、出世、輝く成功を収める、どうしたらそれが出来るか。世のため国のため、大業を行う、どうしたらそれが出来るか。

その秘訣というか、その急所というか、古今東西の偉人英傑大成功者について、その実例を探り得たもの、即ち本書であります。

或はその信念、或はその熱誠、或はその工夫、或はその努力、或はその胆力機略、或はその寛仁大度、或はこれを行うの勇気、或はこれを察するの明智…等々、美談・逸話・名言・訓言、取って以て直ちに萬人の模範となり、直ちに日常の指針となるもの、即ち本書であります。

収むるところ百六十頁、載するところ百十余篇、蕞爾《さいじ》たる冊子ではありますが、キングが過去半歳に亙り、各方面多数の先生を煩わし、厳選に厳選したる、真に珠玉の名篇のみ、一読まことに感銘深き文献集であります。

確信を以て申上げます。本書を読まれた後と前とでは、ものの見方、考え方、やり方、ぐっと人物が違って来ます。家庭がよくなります。事業が盛隆になります。公私各般の職務が立派に遂行されます。世のため国のため、本書の貢献するところ大なるものあるを確信いたします。

多忙の大半は無駄

峨山禅師《がざんぜんじ》が十八歳のとき、美濃の正眼寺《しょうげんじ》という寺に修行に行くと、間もなく典座《てんぞ》（炊事係）を命ぜられた。全然慣れぬことではあるし、大勢の雲水の賄いを一人で受持つのであるから、その忙しさといったらない。朝は人より一時間も先に起き、夜はおそくまで庫裏で働きづめだ。それでも仕事に追われ通しで、休む暇もない。これでは禅の修行に来たのか、炊事の修行に来たのかわからないと思って、内心不平におもっているところへ、ある日、先役の雲水が庫裏の障子を開けて顔を出し、

『どうじゃね、忙しいかい？』

と言う。すこしムカッ腹を立てているところだから、

『忙しくてやり切れませんよ！』

怒ったような声で答えると、先役は、ニタリと笑いながら、

『そうじゃろう、大分無駄をしているのう』

と言って、プイッと去って行った。（大分無駄をしている）

この一言は、峨山の肝にこたえた。

その翌日から、自分の仕事に気をつけてみると、なるほど無駄がある。これではいかぬと悟ったので、水を汲むにも、湯をわかすにも、麦粥を炊にも、つとめて無駄を省くようにと心がけてみると、その日はやや早目に仕事が片づき、一同と共に本堂でちょっと坐禅する余暇が得られた。

次の日も同様の心掛けでやったところ、前日の倍ほど余裕が出来た。そうして日を重ねるうちに、遂には典座の役を完全に果たした上に、一日の約半分は皆と共に修行されるようになった。

『世間の人が、やれ忙しい忙しいというのは、たいてい半分は無駄に忙しい思いをしているのじゃ。なんでも、無駄をせんように心掛けるがよい』

峨山禅師がよくそう言って人を諭したのは、若い頃の自分の体験に基くものであった。

（大坪草二郎）

■解説■

峨山禅師は、能登国羽咋郡瓜生田（現、石川県河北郡津幡町瓜生）に生まれた。

十六歳の時、比叡山で出家し、円宗に師事して天台教学を学んだ。永仁五年（一二九七）、上洛途中の瑩山紹瑾に出合う。正安元年（一二九九）、加賀国大乗寺の瑩山のもとを訪れ、正安三年（一三〇一）大悟して瑩山禅師にそれを認められた。

徳治元年（一三〇六）瑩山から印可を受け諸法遍歴の途についた。

その後、正中元年（一三二四）永光寺首座として大衆二十名とともに、総持寺僧堂開堂式のため総持寺へ出向いた。このとき瑩山禅師より総持寺住職を任ぜられた。こうして峨山は、総持寺二世となり、その後四十年以上にわたって曹洞宗発展の基礎を築いた。

本文の執筆者・大坪草二郎は、大正・昭和時代の歌人として活躍した人物で、明治三十三年二月十一日、福岡県で生まれる。大正十年「アララギ」にはいり、島木赤彦に師事した。昭和五年文芸誌「つばさ」、十二年歌誌「あさひこ」を創刊した。

本名は竹下市助・号は潮声、著作に「短歌初学」「良寛の生涯とその歌」などがある。

ところで、本文の要諦は、「無駄をなくす」ということであるが、人生を生きて行く過程では必ずしも、外見上「無駄」と言えるものも、決して無駄ではないと思うのである。否、むしろ、それが肥しとなる事もあるのではなかろうか。

曹洞宗の開祖・道元禅師の「正法眼蔵」の中に次のような一節がある。『今の一当は昔の百不当の力なり、百不当の一老なり』。この意味は云うまでもなく、今弓を射て、的に当たったこの一矢は、それまでに百回射ても当らなかった、その成果だ。と、云っているのである。

ジェファーソン大統領の遺訓▼▼▼

ここに掲げるのは、米国第三代の大統領ジェファーソンが、死の直前愛する孫のトーマス・ジェファーソン・スミスにあてて書いた手紙である。

この手紙は、おまえにとっては、死者からの手紙も同様であろう。何故なら、現にこの手紙を書いている私は、おまえが相談して訓戒をうけたいと思う頃には、もう墓場の下に眠っているだろうから。だが、こよなくおまえを愛していた立派なおまえの父から、常に、おまえの今後歩まねばならぬ人生の針路について、何か有益で効果的なことを書いて送ってくれと頼まれていたし、また私自身も、おまえの名付親として、何か書いておきたいと考えていたので、この手紙を書く次第である。

おまえは、立派な性情をもっている。だから、今更多くをいう必要はあるまい。

神を敬え。父母を尊敬せよ。おまえ自身と同じようにおまえの隣人を愛せよ。自己を愛するよりも、まづ祖国を愛せよ。正しくあれ。真実であれ。天帝《かみ》の意志に従順であれ。そうすれば、おまえの進む人生は、不滅の喜悦《よろこび》に満ちた生活の門となるであろう。もし死者にも、この世の事物を愛顧《あいこ》することが許されるなら、おまえの一生あらゆる行為を、私は常に見守っていてあげよう。

実際生活上守るべき訓戒十則

一、今日なし得ることを明日にまで延ばしてはならぬ。
二、自分で出来ることに、他人の手を煩わしてはならぬ。
三、それを手に握るまでは、その金を費《つか》ってはならぬ。
四、いかに廉くても、不必要なものを買ってはならぬ。結局それは高いものにつくからである。
五、虚栄を満足させるためには、飢渇《きかつ》や寒さをしのぐためよりも、はるかに金がかかるものである。
六、小食しすぎたからとて、決して後悔することはない。
七、悦びをもって当る仕事には、決して煩いは生じない。
八、起こりもせぬ災難のために、われわれは、いかに多くの無益な苦労をしていることであろうか。
九、何事によらず、物事は順序正しくせよ。
十、腹が立った時には、口を開く前に、まず十まで数えよ。もし非常に腹が立ったら、百まで数えよ。

（大久保康雄）

解説

ジェファーソンは、第三代アメリカ合衆国大統領であるが、一七四三年、バージニア植民地に生まれた。両親はバージニア入植者の古い家系の出であり、十人兄弟の第三番目であった。

一七五二年、地元の学校に通い始め、九歳の時、ラテン語、古代ギリシャ語およびフランス語を学び始めるなど、向学心が強い少年であった。その後大学を卒業して弁護士となった。

アメリカ独立宣言に際しては一七七四年の第一回大陸会議にバージニア代表として出席し、翌年の第二回大陸会議にも代表となったが、一七七六年には独立宣言の起草委員の一人に選ばれて、この歴史的文章を書いた。一七七九年バージニア州知事に選ばれ、のちフランス駐在公使、ワシントン大統領の国務長官、副大統領となり、一八〇一年から二期にわたって、大統領（第三代）となり、西部開拓や奴隷の輸入禁止などを行った。

一八〇九年政界を退いてからは故郷へ帰り、バージニア大学を設立してその学長となった。

ジェファーソンは、大変な博学者であり、数ある得意分野のなかでも、園芸学者、政治指導者、建築家、考古学者、古生物学者、発明家でもあった。

次に本文の執筆者・大久保康雄（一九〇五年〜一九八七年）氏であるが、日本の英米文学の翻訳家である。茨城県生まれで、本名・保雄。日本ペンクラブ、日本文芸家協会、日本翻訳家協会の各会員である。

慶応義塾大学中退、大宅壮一のジャーナリスト集団に属して翻訳を修業。一九三一年、最初の訳本を刊行し、一九三八年、『風と共に去りぬ』の完訳を、友人・竹内道之助の経営する三笠書房から刊行した。

　戦後、絶版となっていた『風と共に去りぬ』を復刊してベストセラーとなり、ヘンリー・ミラーの主たる作品、ナボコフ『ロリータ』など、現代米文学を中心に多くの訳書がある。このように職業翻訳家として次々に翻訳を発表。日本の英米文学紹介者の中で独特の活躍を続けて来た人物である。

　ところで、アメリカの歴代大統領の中では、多くの名言を残しているが、私が中学生の頃、母から教えられた言葉で、どの大統領かは忘れたが、その内容だけは忘れることはない、その名言を紹介したい。

『彼の屋上に落つる数滴の細雨を見よ、その北側に落つるはセントローレンス川に注ぎ、南測するはメキシコ湾に潮す。しかりしこうして南北千里の隔たりに至るのも、その初めは微風の一揺、飛鳥の一拍、以て二水の運命を決するに至る。青春の良書悪友あに図らんや』

正直な束ね方

明治の教育家として異色のあった麻布中学校長江《え》原《ばら》素《そ》六《ろく》翁は、貧乏士族の子として生まれました。その頃の貧乏士族は、不如意な家計を助けるために、総楊枝《ふさようじ》や爪楊枝《つまようじ》をけづりました。素六も、十歳の頃から、父親の手伝いをして、楊枝けづりをしました。

　夜になると素六は、昼間こしらえた楊枝の束を風呂敷につつんでかつぎ、小さな脇差を見えないように手ばさんで、手拭で頬かぶりをして、

『楊枝はよいか、よいか』

　といいながら、新宿の小間物店へ売りあるくのでありました。

　ところが、素六が持って行った楊枝はすぐに売れました。なかには、品切れとなっていても、素六が売りに来るのを待っていて買ってくれました。それは、素六親子の作った楊枝が、よかったからでしょうか？　それとも、特別に安く売ったからでしょうか？

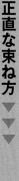

そうではありません。実はその頃の一般の習慣では、楊枝を百本づつ束ねるのに、人の目につく外側に、できのよいのを並べて、内側へはわるいのを並べるのがあたりまえでした。けれど、素六はどうしてもそういう誤魔化しができなかったのです。それで、けづった楊枝のなかで、わるいのはわるいのだけで束にし、中くらいのは中くらいのだけで束にし、よいのはよいのだけで束にし、ちゃんと買手に明かにして、それ相当の代価を求めたために、非常に喜ばれたのでありました。それに、いい値で買ってくれますから、商売のかけ引きもいらないし、時間もかかりません。ほかの人がまごまごしている間に、素六は楊枝を売りつくして、さっさと帰ることができました。

その時、素六は、子供心に、

『ああ、やっぱり正直は得だなぁ！』

と、つくづく考えました。

この考えを、素六は一生を通じて守りました。後に教育家として大成してからも、素六は未来ある生徒たちに向って、まづ正直を説くのでありました。

（水谷まさる）

解説

江原素六は、幕府御家人の嫡子として武蔵国角筈（現：東京都新宿区）に生まれる。房楊枝作りを手内職とする貧しい家庭に育ち、辛苦を舐めながらの生活であったが、剣術、洋学を学び、講武所の教授方として取り立てられる。鳥羽・伏見の戦いでは、人材不足の幕府側の指揮官として戦ったことが認められ、江戸城開城後も市川・舟橋戦争などで新政府軍と戦うも負傷して九死に一生を得ながら戦線を離脱する。

その後沼津へ移住するが、以後、旧幕臣の子女への教育のため、沼津兵学校、駿東女学校（現：静岡県立沼津西高等学校）設立に尽力するとともに、東京に麻布学園を創立した。

その後、政界に進出、第一回衆議院議員総選挙に静岡七区から出馬し当選。後年には立憲政友会の結成に尽力した。一九一二年貴族院勅選議員となり、没年まで政治家として活躍した。

また一八七七年には、カナダ・メソシスト教会宣教師ジョージ・ミーチャムから洗礼を受けてキリスト教信者になった。それから、自ら設立し、校長を勤めた麻布中学校の箱根への遠足の数日後、脳溢血で死亡した。享年八十歳であった。

本文執筆者の水谷まさる（一八九四〜一九五〇）は、東京生まれの詩人、児童文学者である。本名は勝。早稲田大学英文科を卒業し、コドモ社に入社、東京社を経て著述生活に入った。『良友』『童話』『金の星』などに、童謡や童話、読み物を発表した。昭和三年（一九二八）千葉省三らと同人誌『児童文学』を創刊、『手袋』『野ばら』などを発表した。子供たちの実生活のなかのささやかな事件を、ヒューマンな心情で描いたものが多い。童話集『葉っぱのめがね』（一九三五）のほか、少女小説も多く書いている。

操縦の秘訣 ▼▼▼

鋼鉄王と呼ばれたアンドリュ・カーネギーは、彼自身では、鋼鉄の製法については、全く知るところが少なかった。がその代わり彼は、彼のために働く従業員のことについては実によく知っていた。それは彼には従業員を操縦する、彼独特のコツがあった。これが彼の大いなる力であり、鋼鉄王とまで成功した所以である。

カーネギーは、子供の頃から指導者となる天分を発揮していた。彼が十歳頃のことである。まだスコットランドにいた時に、彼は一匹の雌兎を飼っていたが、間もなくその雌兎は沢山の子兎を生んだ。けれども急に数が殖えて来たので、それを育てるのが容易ではなかった。

そこで彼はある日、近所の腕白小僧たちを集めて来て、こう言った。

『若し君達が、この兎に毎日々々、クローバーやタンポポの葉や、兎の食べるものをやってくれたら、この兎の一匹々々に君達の名前をつけてやる』

と、これは素敵な名案だった。子供はみんな、『うん、うん』と言って賛成し、自分の名前のついた兎を可愛がるために、競うようにして育てたのである。

後年、彼は、この名案を彼の事業の上に応用して成功したのである。

（井上好澄）

解説

カーネギー（一八三五〜一九一九）は、スコットランドの手織工の子に生まれ、一家でアメリカに渡り、紡績工場の火夫、電報配達人、電信技師、鉄道書記などをして、ペンシルバニア鉄道の監督になったが、寝台車会社や石油会社などに投資して財産をつくり、レールや鉄橋や機関車などを製造する事業をはじめた。のち鉄鋼を発明したベッセマーと手をにぎり、鉄鋼会社を設立し、世界最大の製鉄所をつくりあげて「鋼鉄王」といわれた。カーネギーは『富は神よりゆだねられた神聖なもの』と言って、カーネギー財団を組織して学校や図書館や科学研究や社会事業に寄付した。著書に「勝利の民主主義」「実業の王国」「今日の問題」などがある。

執筆者の井上好澄は、昭和六年（一九三一）に歌人形社から出版された『令女歌集』の編者である以外、詳しい事は分らない。

大切な四時間

パンプソンという人は、過去百年間の世界事業界の動静を、二十年の月日をかけて調査研究し、有名な『事業時計』というものを著した統計学の大家だが、ある時、一人の後輩の青年が、

『先生は多年事業統計の研究をしていらっしゃいますが、何か成功の秘訣というようなものがありませんか』

と聞くと、言下に
『あるとも』

と答えた。

『それは何ですか？』

『午後六時から十時までの四時間を大切にすることだ』

青年はパンプソンの言葉の意味がよくわからな

いので、説明を求めると、

『人は会社にいる間が大切だと思っているが、勤務中の努力は当然のことで、これは誰でも殆んど大差がない。ところが、一度、自分の家へ帰ると、ゴロ々々している人間と勉強する人間とでは、大変な相違になって来る。例えば六時から十時までの時間の半分でも、君の専門の仕事を研究して見給え。それもなるべく範囲を狭くして、例えば君が銀行員なら、出納の伝票の書き方というような小さなことを熱心に調べるのだ。一年三百六十五日としても、七百三十時間もあるから必ず一かどの専門家になれる。これが完成したら、今度は又別のものをやる。こうして十年もたてば、君は君の仕事について十数項の専門家になれる。これでは成功しまいとしても、しないではいられないではないか』

と教えた。

（永見七郎）

解説

パンプソンは、アメリカ・マサチューーセッツ工科大学教授で統計学者である。統計学とは、統計に関する研究を行う学問である。統計学は、経験的に得られたバラツキのあるデータから、応用数学の手法を用いて数値上の性質や規則性あるいは不規則性を見出す。統計的手法は、実験計画、データの要約や解釈を行う上での根拠を提供する学問であり幅広い分野で応用されている。

ここに『パンプソンの法則』と言うのがある。それは、「一日一時間の学習を続けると、一年後には一つの専門家になる」と言うのであって、本文の中でも語られている。

執筆者の永見七郎（一九〇一～一九九三）は日本の詩人、児童文学作家である。大阪で生まれ、兄は農学者・永見健一である。一九一六年宮川経輝（＝日本の牧師で女子教育者。熊本バンドの中心人物で日本基督教会指導者）により洗礼を受ける。一九一八年武者小路実篤の新しき村に参加し、村外会員となる。早稲田大学文学部独文科中退。千家元麿（一八八八～一九四八・日本の詩人。武者小路実篤に師事し、一九一三年同人誌『テラコッタ』を刊行し詩作を行う。一九一八年第一詩集『自分は見た』を上梓するなど人道派的な詩人として知られる）の勧めで詩を書く。

直された手紙▼▼▼

ロンドンのヘンリーン・ボーン書店は欧州各市にも支店があり、広く国際的に取引を持つ英国最大の書籍店である。ある年、そのロンドン本店に十名ばかりの新社員が採用された。何れも専門学校や大学の新卒業生であるが、ただベルナード・クォリッチ一人だけは実地上りで学歴がなかった。

クォリッチはベルリンの書店で小僧から勤め上げてきたが、同じ働くならへンリー・ボーン書店のような大規模な商店で奮闘したいという決心を起し、遥々ドイツから英国へ渡って来た青年で、幸いに採用されることになったのである。

この店は欧州各市に亙って国際的な取引を行っているので、取引関係や顧客に対する書状はむろんとして、社内で往復する手紙でも、すべて手紙の書き方を非常に重視した。そして新しく採用された社員には、社長自身がやかましく指導するのである。

『手紙の影響は微妙にして重大だ。手紙一本で大切な取引が壊れたり、また反対に、難件を有利に導くこともある。この頃の若い連中ときたら、大学は出たけれど手紙一本ろくに書けないというものが多い』

と無遠慮に極めつけるボーン社長だから、その指導ぶりは仲々に辛辣だ。社長は夫々、新入社員を呼び出して必要な用件の趣旨を口述し、これを書簡文体に書き上げさせるのである。社員の方では、命ぜられた内容を適当に書き上げると発送する前に社長の署名を求めるために提出する。だが、誰が書くのも、またどの手紙も、皆な真赤に直されて戻される。一度で通過した手紙は一本もない。

クォリッチもその一人であった。ことに彼は小学校きりしか出ていないし、ドイツ人のことでもあるから、どの手紙も真赤に直されて、いつも書き直しばかりだ。『これじゃ、まるで筆耕に雇われたようなものだね』

と机を並べた同僚達はブツブツ言いながら、社長が赤インキで手を入れた手紙を写し替えると、あとは不要だとばかり、くちゃくちゃに丸めて屑籠に投げ込んだ。

けれども、クォリッチは別だった。

彼は書き直しを済ますと、もう不要ではあるけれども、社長が直した手紙を一枚々々丁寧に保存した。そしてそれを纏めておいて、土曜の晩、下宿に帰ってから順々に読み返した。すると、文字の遣い方や一寸した言い回しで効果の違うことなどが解り、同じ誤りや下手な書き方を繰り返さないようになった。

間もなくクォリッチが真っ先に手紙の書き方を卒業した。そして五年目にはボーン氏の大々的後援によって独立し、十余年後には旧主たるボーン書店を凌いで英国一の大書籍商の主人となった。

（西村鎮彦）

解説

ベルナード・クォリッチは、イギリスのロンドンに現在もある世界最大の古書店「バーナード・クォリッチ」の創設者（現在この店はクォリッチ家の手を離れている）である。バーナード・クォリッチ・リミテッドは、ロンドンの中心部にある稀覯書と写本を専門とする老舗の書店である。

本文にある、手紙の書き方で思い出すのは『推敲』と言う言葉である。大事な手紙であればあるほど、よく内容に推敲を重ね吟味しなければならない。ところで、この『推敲』という言葉の由来を確かめておこうと思う。

この『推敲』という言葉は、中国の故事成語から来ており、昔、若者が官吏登用試験を受けるために都へ出て、ロバに乗って詩を作っているうちに、「僧ハ推ス月下ノ門」という句を思いついた。（しかし推スという字のほかに敲クという字を思いついて）「推」を「敲」に改めようかと思った。そこで若者は手ぶり身ぶりをしながら考えたが、なかなか決められなかった。夢中になって考えているうちに、思わず都の長官の行列にぶつかってしまった。そこで若者は、なぜ、ぶつかってしまったのか、そのわけを話した。すると長官がいうには、「敲の字がいい」と。とうとう二人は馬首をならべてゆきながら詩を論じ合った。

素晴らしい日記

『カザルス君、君は日記をつけるのがよっぽど好きらしいね。だが、いつまで続くかな』

と友達がひやかし半分に言うのを聞き流してカザルスは書き続けた。

この青年は故郷スペインからパリーへ音楽修業に出て来たチェロ弾きである。ある交響楽団の一員になっているが給料が少ないので、ホテルの音楽団を手伝ったり、ときには公園の広場でチェロを弾き幾らかの金を稼ぐこともあった。辛い修行だが、故郷には、自分が立派な音楽家になって帰るのを待っている老いた父母がいる——と思っては、われとわれを励ましてカザルスは勉強していた。

彼は矢張り音楽をやる友達と安下宿の一室に同居していたが、どんなに疲れて帰ってきても、その日の日記をつけるので、放縦な仲間の連中は不思議に思っていた。

『君達におかしく思われるくらい、僕が日記をつけるのは、一つの必要があるからだよ』

とある日、カザルスは友達に語り出した。

『実は、日記が十日分か十五日分まとまると、それを故郷の母のところへ送っているんだよ。母は苦労性で僕がパリーでどうしているか、いつも心配しているので、僕は手紙を書く代わりに、日記帳を送って知らせているわけなのさ』

『そうだったのか』

と友達は感心した。

『そりゃ素晴らしい日記帳だ。是非いつまでも続けたまえ』

これは、現代のチェロ王として世界楽壇に名声高きカザルスが、青年時代のエピソードの一つである。

（西村鎮彦）

解説

パブロ・カザルス（一八七六～一九七三）は、スペインのカタルーニャ地方に生まれたチェロ奏者、指揮者、作曲家である。カザルスはチェロの近代的奏法を確立し、深い精神性を感じさせる演奏において二十世紀最大のチェリストとされる。有名な功績として、それまで単なる練習曲と考えられていた、ヨハン・ゼバスティアン・バッハ作『無伴奏チェロ組曲』（全六曲）の価値を再発見し、広く紹介したことが挙げられる。

早くから世界的名声を築き、ヨーロッパ、南北アメリカ、ロシアなどを演奏旅行して回った。指揮者フルトヴェンダラーは、チェロ奏者としてのカザルスへ次のような賛辞を残している。「パブロ・カザルスの音楽を聴いたことのない人は、弦楽器をどうやって鳴らすかを知らない人である」。

カザルスは平和運動家としても有名で、音楽を通じて世界平和のため積極的に行動した。

諸君は紳士である▼▼▼

『こんなもので、人物の教育が出来ますか』

札幌農学校に着任して、校長調所《づしょ》廣丈《ひろたけ》からとりあえず校則の内容を聞かされたクラーク博士は、忽ち大きな声をたてた。

第一條云々、第二條云々と学生を束縛するような型通りの校則は、新日本の人材を教育すべく、わざわざ北米マサチューセッツ州農学校長在籍のまま一年間の約束で教頭として赴任して来た彼にとって、無用の長物どころかむしろ有害無益のものに見えた。

『日本は偉大な教育家をもっていた。例えば吉田松陰先生がそれだ。先生は十四五歳の少年に対しても、決してこれを子供扱いにせず、その出入に際して丁重な礼を交わしたというではないか。その精神である――』

これが彼の信念であった。

『では、どうゆう風に改則しましょうか』

『諸君は紳士である！　その一言で沢山でし

ょう』

と彼は答えた。

果して、これで沢山であった。『諸君は紳士である』と云われては、どんな乱暴な学生も自省、自粛しないではいられなかった。そして校則は自づと守られるに至った。『太平洋人柱』と米国人から崇敬されている故新渡戸稲造博士、鬼才ストリンドベルヒをして『日本人にもこんな神を求めた人があるか』と嘆ぜしめた故内村鑑三先生その他の人材が、かくてこの校門から生れた。

（永見七郎）

解説

クラーク博士（一八二六～一八八六）は、アメリカのマサチューセッツ州に生まれ、アーマスト大学を卒業、ドイツに留学して母校の先生となった。一八七九年（明治十二年）日本政府に招かれて札幌農学校（のちの北海道大学農学部）の教頭となる。僅か一年足らずの期間であったが、近代的農業を教えるとともにキリスト教精神による教育を行い、学生たちに多くの影響をもたらした。

クラーク博士の人間的魅力の現われている情景が残っている。札幌農学校第一期生との別れの時、一期生・大島正健（後の甲府中学校（現：甲府第一高等学校）の学校長）による離別の時の様子を次のように述べている。

先生をかこんで別れかたなの物語りにふけっている教え子たち一人一人その顔をのぞき込んで「どうか一枚の葉書でよいから時折消息を頼む。常に祈ることを忘れないように。では愈々御別れじゃ、元気に暮らせよ」といわれて生徒と一人一人握手をかわすなりヒラリと馬背に跨り、「ボーイズ・ビー・アンビシャス」と叫ぶなり、長鞭を馬腹にあて、雪泥を蹴って疎林のかなたへ姿をかき消された。

万全の用意

杉浦重剛《じゅうごう》先生は、私共称好《しょうこう》塾生が、汽車に乗って旅行に出掛ける日など、出かけにぐずぐずし

ていると、

『もう出かけてはどうか』

と注意された。

『駅まで電車で何分で行けますから、まだ大丈夫です』

と言うと、

『その電車が途中で故障ができたら何うするか。そんな場合にまごつかぬ様に、歩いて行っても間に合う位にして置かなければいけない。物事は間違い易いものであるから、間違った時にはこうと、その準備が出来ていなければいけない』

常々そう云って訓戒されていた。

ところがある時、称好塾に記念の催しがあって、当日は名士先輩の方も招待するので、故佐々木侯爵が準備委員長となり、専らその準備をすすめた。大方の準備も整え、もうこれでよかろうと云うので、佐々木侯がそれを先生に報告して、先生に検分して頂くことになった。

先生はやがて出て来られて、一通り見て廻られたが、その時ふと我々を振り返られて、

『雨の用意は？』

と、尋ねられた。

折柄秋晴つづきの季節である。我々は雨の事などちっとも考えていなかったから、勿論その準備をしておらぬ。だから、その事を申し上げて、

『お天気はこの調子なら大丈夫もちましょう』

と、申し上げた。

それでも、先生は仲々承知されない。

『いや、それはいけない。天気予報だって度々はずれる。お前達の見込が当になるものか。いくら天気が続きそうに見えても、もしひょっと変わって降ったらどうするか。いつも言う通り、いざという場合慌てるほど、人間見苦しいことはない。何事にも万全の用意が肝腎だ。雨の用意もして置きなさい』

と命じられた。

我々はその時、まったく無駄なことのように思ったが、先生のご命令だから改めて雨の支度もして当日を待った。

所がどうだろう。その朝起きて見ると、あれほ

ど続いた天気が俄かに変って、瀞々と秋雨が降りそそいでいた。

記念会は、その雨をついて行われる事になったのである。私は用意の天幕ばりの式場に参集した名士先輩を見た時、

『あゝ、先生の言われた通りであった。若し我々の迂闊のままで、雨の用意が出来ていなかったら、どんな事になっていただろう』

と、塾生の一人がしみじみ語った。


（三上庸吉）

解説

杉浦重剛（一八五五～一九二四）は、明治・大正時代の国粋主義的教育者及び思想家である。幼名を謙次郎といい、父は近江国膳所藩（現：滋賀県大津市）の儒者・杉浦重文である。

十五歳で藩より貢信進生に選ばれ東京に下り、大学南校に学ぶ。在学中は猛勉強の結果、明治六年（一八七三）、明治天皇への御前講演に選ばれ理化学の実験を行う。明治九年（一八七六）、第二回文部省派遣留学生に選抜されてヨーロッパへ。当初は農業を修めるつもりでサイレンセスターの王立農学校に入学するが、イギリスの農業は牧畜が中心で穀物は麦、勉強しても帰国後役には立たないと気付き放棄した。化学に転向し、マンチェスター・オーエンスカレッジに移り、化学の研究に従事した。更にロンドンのサウスケンジントン化学校、ロンドン大学等で学ぶうちに神経衰弱にかかり、明治十三年（一八八〇）五月に帰国した。

二十七歳で文部省と東京大学に勤める。その間、東大予備門（のちの一高）校長になる、また大学予備門など旧制高校進学のために英語でもって教授する予備校であった東京英語学校（のち日本中学に改称）創立の中心の一人となる。また明治二十二年（一八八九）には、日本人倶楽部をつくり、大隈重信の不平等条約改正案に反対するなど、国粋主義を主張し、当時の社会に影響を波及させた。また、翌年明治二十三年（一八九〇）第一回衆議院議員総選挙に大成会から出馬し当選するも、翌年に辞職した。

その後は、子弟の養成と共に東京文学院を設立し、以後も国学院学監や東亜同文書院院長、東宮御学問所御用掛などを歴任。官学崇拝も強く、当時の官公立中等教育のメッカである府立一中にも足を運び、「本校は帝都の第一中学であるのみならず、帝国の第一中学である」など講演にても国家の権威を高めることに尽力していた。

迪宮裕仁親王（摂政官、のちの昭和天皇）の御進講役も務め、さらに宮中某大事件にては久邇宮家と結んで、山縣有朋に対抗した。大正十三年（一九二四）、腎臓炎のため死去、墓所は東京都文京区伝通院にある。

大関大の里の教訓

先年大連で客死した大関大の里は、身長わずかに五尺四寸、身体が小さいので、新弟子の頃は『おいッ、鼠』『こらッ、鼠』と兄弟子にこき使われ、苦労の末漸く大をなした名力士。苦労をし抜いて来ただけに、彼位後輩の指導に熱心で、その指導の当を得た人も少なかった。

大関鏡岩《かがみいわ》は語る。

『私は二段目まで来て出世が停りました。それからです。私が身を持ち崩したのは。誰も私を真面目に相手にする者はなくなっていました。

大の里は同郷の先輩でしたが、

「おい鏡岩、お前稽古がいやなら稽古をせんでいいからな、唯朝早く起きて稽古場に出てみろ、俺に騙されたと思って人よりも早く出てみろ、そうしたらお前はきっと出世が出来る、俺が請合うよ」

と言いました。

私は先輩の薦めだから、無下にも断りかね、だまされたと思って人より早く稽古場に下りました。然し、稽古なんぞおかしくってする積りはなかったのです。

ところがどうでしょう、人の稽古を観ている内に段々と身が入って来る。二日、三日、人よりも幾分か早く稽古場に出ると、自分でも一番やろうと云う気持ちが湧いて来ました。遂に一番やる、面白い、又やる、こうして段々稽古を励み、いつしか私は停滞から脱してしまっていました』

又これは関脇綾川、即ち現年寄千賀ノ浦の直話であります。

『私も、永いこと二段目で出世が停って足踏みしていました。自然面白くないから、稽古にも身が入りません。心持は段々ひがんで来ます。

その時大の里関に云われました。

「兎に角朝早く稽古場に出ろ、人にまけない時間に出ろ、出さえすればいい、あとはどうにかなる」

妙なもので人より早く稽古場に出ると、多少なりとも優越を感じます。それが続くと人にまけずに、稽古を励む気にもなりました。三度の飯も旨くなりました。そうなれば、本場所の成績も悪かろう筈がありません。

大の里関は云うてくれたものです。

「独り力士だけじゃあるまい、どんな職業でも身を入れてやる事が出来たら大したものだ。

それにはどうしたらいいか、わけはないさ、勤人なら人よりも五分間早く出勤したらいい、大工なら左官ならほんの一寸でも早く仕事場に出て、おうお早う、お前はいつも早いなと、友達に云われてごらん、その人はきっと仕事に身が入るぜ、それに引きかえ、俺は駄目だ、誰も相手にしてくれないと、我から人に遅れていては、自分で穴を掘って自分を陥れるようなものではないか、なぁおい」

という大の里関のこの言葉を私は今でも身にしみて憶えております』

(伊藤太郎)

解説

大正時代から昭和初期にかけて、「相撲の神様」と謳われた大ノ里萬助という小兵の名大関がいた。青森県南津軽郡藤崎町出身で、明治四十三年の夏に大相撲の巡業が弘前へ来た際に相撲にあこがれ、翌年周囲の忠告・制止を振り切って上京した。若松部屋の門をたたくも、その小さい身体に唖然とされたが、あまりの熱心さに根負けした若松が「暫くは置いておこう」と入門を許した。

七年後の大正七年二十六歳で入幕するも、このときでも百六十二センチ、七十五キロだから、今なら力士になることは出来ない。（今の新弟子検査の合格基準は二十三歳未満、百六十七センチ以上、体重六十七キロ以上）

小兵ながら腕力と足腰が強く、常に正攻法で当り、筈押しを得意としたがひねり、いなし、叩き込みなど変化縦横の取り口で、その稽古は猛烈を極めた。

大相撲を見る醍醐味、たのしみのひとつは小兵力士の活躍である。

彼は優勝こそないものの立派に大関を務め、向上心を失うことなく熱心に稽古に取り組む姿や温厚な性格、若手力士に対する厳しくも熱心な指導によって、多くの力士からも人望を集めた。

大関を努めること七年、そろそろ引退も間近かと思われた昭和七年一月場所直前に勃発した春秋園事件では日本相撲協会を脱退、関西角力協会で土俵を務めたのち、昭和十年一月に引退した。引退後は取締や頭取を務めたが、昭和十二年十二月には関西角力協会は解散した。大半の力士は東京に帰順を許された。大ノ里は春秋園事件からの労苦続きから肋膜を患い、愛弟子の帰参を見届けてから、昭和十三年四十五歳で死去した。

彼の訃報の翌日、出羽海部屋に大ノ里から最後の手紙が届いた。その手紙には、出羽海部屋に帰参した自分の愛弟子を死の床でも気遣い激励する内容で、愛弟子たちは慟哭したという。

ところで、『春秋園事件』とは、天竜をはじめとする出羽海部屋一門の力士たちが相撲道改革ののろしをあげ、協会と正面衝突したあげく大井の中華料理屋春秋園に籠城した。天竜が主導したことから「天竜事件」とも呼ばれる。力士団が要求した内容は次の十ヵ条である。

○協会の会計制度の確立とその収支を明らかにすること。
○興行時間の改正
○入場料の値下げ、角技の大衆化
○相撲茶屋の撤廃
○年寄の制度の漸次廃止

○養老金制度の確立
○巡業制度の根本的改革
○力士の収入増による生活の安定
○冗員の整理
○力士協会の設立と力士の共済制度の確立

協会は受け入れ難く、脱退した力士四十八名と式守伊三郎ら行司四名を二月二十三日付で除名処分とされた。協会は幕下力士を、十両を飛ばして入幕させる編成を余儀なくされた。大ノ里は大関として、師匠と同輩との板挟みにあって苦慮したが、脱退力士団に参加する。「関西力士協会」は、天竜の「智」、大ノ里の「徳」に負うところが大きい、とされた。

思うに、この時は、力士たちの要求が、協会に受け入れられなかったものの、その後、相撲協会等関係者の自浄作用により、協会の在り方や力士の待遇・身分保障など多くの改革がなされ、よき伝統を生かしながら、今日に至っていると思うのである。

驕りに境なし

徳川家康は晩年駿府に隠居していた。その頃二代将軍秀忠が所用があって近習の家来を父の家康のもとへ使にやったが、家康はその家来に向って、

『其方大切な使を承って、将軍から差遣されたからには、さどかし将軍から眼をかけられている者であろう。それだけに日頃の心がけが大切である』

と言って、特に人に重用されているものの心得について諭した。それは二点に分かれていたが、その第一は、

『主人に目をかけられている者は、我れ知らず驕りの心つくことは古今の人情である。驕りはいつという境もなく付くものであるから、自分ではさして驕りたかぶっているようには思えないけれども、他人の目からはよく見えるものだ。驕りのつくというのはつまり心の怠りである。怠りより種々の悪事が起る。ここの所をよく呑み込んで。

前々から用心し、主人に気に入って可愛がって貰えば貰うほど益々慎み恐れて、我儘をせぬようにと心掛け、朋輩の交わりにも依怙贔屓の心を離れて、その者の人品、心掛けを見届け、将来大成する人物と見たら、目をかけてやって、その者の奉公しやすきように取図らってやるべきだ』

第二には、

『自分ひとりが偉いように思って、万端の用向を他に相談しないで一人で処理してしまうということ、これが一番出頭人のかかりやすい病気だ。そういう心掛けの人間は、どれほど才能があっても、全く何の役にも立たない人間と選ぶ所がない。たとえば乗物に乗って行くのに、力も背も揃った陸尺が、後先二人してかつぎ、その外に添肩として何人も後先に立添ってこそ、どんな難所でも険所、あるいは、長途の旅でも、易々と乗り通せるのである。たとえ一人でかつぎ得たとしても、乗っている人間も不安だろうし、脇で見ている方でもはらはらする。天下国家を保つということもその通りで、大勢の人の協力によらなければならない。然るに重荷を一人して持ち出して、持損ずれば、その道具をそこない、怪我をするようなものだ』

まことに至言である。あえて天下国家とは限らない。一会社、一商店についてでも言えることである。

（今井鯛三）

解説

徳川家康（一五四二～一六一六）は、三河（愛知県）岡崎城主松平広忠の長男として生まれた。幼名を竹千代といい、元信、元康のち家康と名乗った。六歳から織田氏、九歳からは今川氏の人質となって苦労し、一五六〇年（永禄三年）桶狭間の戦いで今川義元が戦死してから岡崎に帰って独立した。織田信長と結んで各地で戦い、信長の死後、豊臣秀吉と対立、小牧・長久手の戦いに勝ったが一五八六年（天正一四年）和睦、一五九〇年（天正一八年）北条氏の滅亡後、関東八か国を領土として江戸城に入った。秀吉の死後、しだいに実権を握り、一六〇〇年（慶長五年）関ヶ原で天下分け目の戦いを行い、石田三成に勝って一六〇三年（慶長八年）征夷大将軍となり江戸に幕府を開いた。二年後、将軍職を子の秀忠にゆずり、大御所として重大なことがらを裁き、大坂の陣（一六一四〜一六一五）を起こして豊臣氏を滅ぼし、幕府の基礎を固めた。内政では武家・禁中・寺院諸法度を定め、士農工商の身分制度を確立した。対外的には、貿易は奨励したがキリシタンを禁じた。死後、一六三六年（寛永一三年）「日光東照宮」に神として祭られ、以後幕府の権威の源となった。

家康は多くの遺訓を遺しているが、その代表的なものを紹介して置く。

『人の一生は重荷を負って遠き道を行くが如し急ぐべからず。不自由を常と思えば不足なし。心に望み起らば困窮したるときを思い出すべし。勘忍は無事長久の基、怒りは敵と思え、勝つことばかり知りて負くることを知らざれば害その身に至る。己を責めて人を責むるな、及ばざるは過ぎたるに勝れり』

用の集る人

渋沢栄一は、家族の者を集めて、ときどき教訓したが、流石に一代の巨富を積んだ人だけに、含味すべき言葉が多い。

『お前がたは、どうもどてら着で足駄をはいたまま、富士山にのぼる、富士山にのぼる、と言っておるようなところがある。ほんとうに登る気なら、まずどてらを脱いで、草鞋に穿きかえなくては……。草鞋に穿きかえて、六根清浄で、こつこつ登って、はじめて登れる。己が仕事を絶えず専心勉強していてはじめて智恵が湧く。大して智恵のない人でも、その仕事に対しては、自然と智恵が湧いてくるものだから、その智恵でいろいろと工夫をこらして、正直に勉強して行けば、どんな困難な仕事でも必ず成功するし、また役立つ人にもなれる。

役に立つ人は、始終用に追っかけられているだろう。あれは自分で用を見付けて処理するからだ。あすこへ行けば用が片づくというので、人が後から後から持ってくる。お前方もそうならなくてはいけない』

（大木雄二）

解説

渋沢栄一（一八四〇～一九三一）は、明治・大正期の実業家である。

埼玉県の豪農の家に生まれ、一橋慶喜に仕えて、得意の財政の改革や殖産事業につとめた。慶喜が徳川第十五代将軍になったので栄一も幕府の役人となり、徳川昭武（慶喜の弟）にしたがってフランスに渡り、先進国の産業設備や経済制度を視察した。のち「徳川慶喜公伝」（全八冊）を二十数年かかって完成した。明治維新後は新政府に招かれて大蔵省の役人になった。まもなく役人をやめ、実業界に入って日本の産業をさかんにするために努力し、第一国立銀行の頭取になり、王子製紙をつくり、織物会社や船会社を設立した。教育や社会事業にもつくし、新しい日本の建設に大きな功があった。

執筆者の大木雄二（一八九五～一九六三）は、日本の歌人で児童文学者である。群馬県出身で、本名は雄三（一九三二年から雄二を名のる）。

小学校教員を経て上京し、一九一九年『こども雑誌』の編集者となる。同時に童話を書き始め『金の星』などに作品を発表する。一九二八年新興童話作家連盟の結成に参加し「可愛い敵め」を発表した。

以後も、童話作家として活躍し、著書に「月の馬車」「なきむしうさぎ」「二宮金次郎」などがある。

失敗の報告こそ第一に

ナポレオンの伝記中にこんなことが書いてある。

ある晩夜更けの出来事である。彼の副官が慌しく戸を叩いた。寝ていたナポレオンは何事が起ったのかと飛び起きて見た。副官は、

『只今戦線から通知が参りました。味方は大勝利です』

と云って報告書を差出した。

ナポレオンはそれを読みながら、静かに云った。

『何だ、勝ったと云う通知か。そんなら明朝でもよかったのだ。然し若し味方が負けたと云う知らせなら、夜中でも宜しい、直ぐに知らせてくれ、大急ぎで』

×　×　×　×

私達会社の中でも、儲かったと云う知らせ、うまく商談が成立したと云う報告は黙っていても、直ぐに知らせて来るものであるが、失敗した場合には、ややもすれば報告が遅れがちである。時に依ると、どうにもならない時になって初めて報告してくる。然しこれは大変な間違いである。失敗した場合においては、特に速く通知しなければならない。通知さへあればこれが善後策も講じられるし、又その失敗を最小限度に食い止める事も出来る。否時として、禍を転じて福となす事さえ出来る。

恰も病人に対する医者の如きものである。病状が順調であれば、放っておいても、宜しいのである。然しながら、若し病状が悪い場合は、寸刻も躊躇せず知らせなければならない。そうでなければ手遅れになるのである。

世の中において、人に使われる場合に、ナポレオンの逸話は実に吾人《ごにん》の金科玉条と云わなければならない。

（住田正一）

解説

ナポレオン一世（一七六九～一八二一）は、コルシカの貴族の子に生まれ、幼年学校を出て砲兵士官となった。一七八九年フランス革命のとき、革命を妨げようとしたイギリス軍を破って二十五歳で少将になり、総裁政府の時代にイタリアに遠征（一七九六～一七九七）、さらにエジプトに軍を進めた。一七九九年総裁政府の無能をついてクーデターを行い、第一統領となって実権を握った。一八〇四年皇帝になり、フランス革命の改革を受けつぎ、ナポレオン法典の制定、銀行の設立、産業を奨励する一方、戦争を続けて一八〇六年には全ヨーロッパに号令するようになった。しかし、諸国の反感がつのり、一八一二年ロシア遠征に失敗してからオーストリア、プロシア軍にも追撃され、捕えられて一八一三年エルバ島に流された。一八一五年エルバ島を脱出、ふたたび帝位についたが、ワーテルローの戦いに敗れ、この地で死亡した。フランスの国民的英雄として多くの伝説を残した。

執筆者の住田正一（一八九三〜一九六三）は、愛媛県出身で、広島県立第三中学校、第六高等学校を経て、大正七年（一九一八）、東京帝国大学政治学科を卒業する。同年、神戸鈴木商店に入社、同船舶部勤務、財界のナポレオンと謳われた金子直吉の秘書を永く努めた。昭和二年（一九二七）国際汽船勤務、昭和十九年（一九四四）同退社。昭和二十二年（一九四七）東京都副知事となる。

昭和二十九年（一九五四）呉造船所社長となり、昭和三十一年（一九五六）「廻船式目考、回船式目史料集成」により日本大学にて法学博士の学位を取得す。昭和三十七年（一九六二）呉造船所会長。昭和三十九年（一九六四）、同相談役に就く。海運界で実業家として活躍するかたわら、海事史を研究、日本海事史学会会長として活躍した。

なお、戦後運輸次官、全日空顧問を経て国鉄民営化後のＪＲ東日本初代社長を務めたのは、住田正一の次男住田正二である。

最後まで手を尽す

アメリカにシートンという画家で、動物学者で、珍しい動物文学の名高い作者がある。

十八歳の時ロンドンへ画を習いに行っていたが、大英博物館の図書館には世界のあらゆる博物学の本が集まっているということを聞込んだ。小さい時から動物好きだったシートンは早速その図書館へ駆けつけた。ところが、二十歳に満たない未成年者は入館させられないといって断られた。一念発心したシートンはそのまま諦めて引き下れない。司書官に合って特別入場許可を求めた。だが、規則を盾に許されない。それでもシートンは諦めがつかない。

『これ以上訴えて出る裁判所のような所はありませんか』

『いや、館長の許可があればいいがね……館長のお部屋はこのホールのあっちの端だよ』

シートンは館長に面会して歎願したが、結果はやはり同じだった。

『では、もうこれ以上お願いして見るところはないでしょうか？　何か最後に訴えて出る大審院みたいなところか、規則なんかに縛られないシーザーみたいな偉い人とか……』

館長はシートンの変った言葉に思わず唇を綻ばせた。

『評議員から命令があれば格別だがね』

『その評議員というのはどなたでしょう？』

『それは皇太子殿下と、カンタベリーの大僧正と、総理大臣のビーコンスフィールド卿なども評議員だよ』

これらの人びとはイギリス最高位の人物で、容易に平民どもの近づき得るものではない。

シートンは館長の微笑に見送られて引き下った。そしてこの三人の評議員に向って丁寧な言葉で、率直に自分の博物学研究の志望と図書館入館許可の希望を申し送った。

『どうせ許可は与えられないだろう。それでもいい、僕の出来るだけ手のを尽した』

ところが、意外にも、シートンの型破りの熱心が認められて、詮議の結果、二週間後には入館許可が下りたのみでなく、書庫出入の自由を許した終身閲覧券を添えて、勉学激励の手紙が高貴な三人の評議員から送られて来た。

シートンは小躍りする思いで大英博物館へ通い、そこの博物学の本を全部読破し、その後アメリカに帰って五十年もアメリカの動物を研究して、『動物記』とも称すべきすばらしい何十巻もの本を書いた。

その一生を貫いてこの時の『僕の最後の手を尽くした』という精神が漲っているのがその本を読んでもはっきり感じられる。

（内山賢次）

解説

シートン（一八六〇〜一九四六）は、アメリカの動物研究家である。イギリスに生まれ、父に従ってアメリカに渡り、カナダの森林地帯で成人した。のちパリで絵を学び、博物誌を自分の挿し絵を入れて発表した。「わたしの知っている野生の動物たち」（一八九八年）を書いて有名になり、多くの動物記を書いた。哺乳動物や鳥類を忍耐強く研究した。アメリカのボーイスカウトの団長をつとめたことがあり、「博物学者の歩いたあと」の自伝がある。

執筆者の内山賢次（一八八九〜一九七二）は、明治二十二年（一八八九）農業を営む内山菊太郎の息子として生まれ、家庭の事情で上京。枇杷島尋常高等小学校を中退し、十一歳で内閣印刷局の給仕となる。向上心に燃え正則英語学校在学中、師の薫陶と努力で才能を開花させる。大正八年三十歳前後から翻訳に打ち込む。ルソーの『エミール』、『人間不平等論』、ダーウィンの『種の起源』などを翻訳した。シートンの動物記を生涯の仕事にしたのは、動物研究家の平岩米吉氏の勧めで、動物文学誌にその一部を訳載し、大好評を博したからである。シートンの作品蒐集に苦労し、昭和十二年まだ注目されていなかった『シートンの動物記』の一部を初めて紹介出版し、戦後、昭和二十八年には再びその全訳十九巻を完結した。昭和三十二年には少年少女向けの動物記八巻をも刊行した。

或る大工の話

マーデンという人がこういう話を著書の中に書いている。

ある裁判官が自分の家の板塀を作ろうとして、材料はこちら持ち、手間賃だけ一ドル半で拵えて貰いたいと広告を出した所が中々来る人間がない。漸く一人、やりましょうといって来た者がある。

『荒削りでざっとでいいのだ、一ドル半しか出さぬのだから』

『宜しゅうございます』

承知して仕事に取りかかったのを見ると、丁寧に念に念を入れて綺麗に削る。

『おいおい荒削りでいいんだよ、一ドル半の日当なのだから』

『はいはい』

裁判官は役所に行ってさて帰って見ると、板塀がちゃんと出来あがっている。どうも立派なものだ。これじゃもう半ドル増しをくれというに相違ないと思ったものだから、先手を打って、

『どうも念を入れすぎたなあ、こんなに丁寧にしてくれても約束どおり一ドル半しか金は払わないよ』

『はい、結構で御座いますとも』

『お前、こんな手間をかけちゃ損じゃないか』

『損は損かも知れませんが、安いからといって仕事を粗末にすると賃金を損した上に、自分の良心を損しなければなりませぬ。大工として仕事する以上仕事に精魂を打込んで自分でこれはよく出来たと満足する仕事をせぬと私の気が済みません。賃金が安いからといっていい加減な事をすると、賃金の損をした上に、私の性根まで損しなければなりません』

こう答えた。裁判官はこれを聞いて、あゝいゝ心掛けの大工だとその後裁判所を建てる時に、最も信用ある大工としてこの者を推薦したということだ。


（赤松月船）

解説

この話を書いたというマーデン（オリソン・スウエット・マーデン）博士は、「成功哲学の創始者」と謳われ、一八五〇年、アメリカニューパンプシャーでスコットランドからの貧しい移民の子として生まれた。幼い時期に両親を亡くし、不遇な環境の中で少年時代を送ったマーデンは、十七歳の時にイギリスのサミュエル・スマイルズの世界的名著「自助論」に出合う。

いかなる環境であろうが、目標に向って、勤勉に忍耐強く取り組み、成功を手にした多くの成功者の物語りを興味深く伝えたスマイルズの一冊の本が、マーデンの人生の目標を決定させたのであ

る。マーデンは、この日から「成功するためには、どうすればよいか」という成功への研究に没頭したのである。

マーデンの成功の研究は、医学や哲学・経済といった学問からの研究だけでなく「成功者、つまり成功した人間の研究」に絞り込んで進められたのである。そして彼は、研究をはじめた十七歳から四十一歳までの間、成功者の成功の秘訣を書き留め、一八九一年に「前進あるのみ」という成功哲学の大ベストセラーを出版した。この本は二五か国で翻訳され、日本においても、明治時代に百五十万部を越える大ベストセラーとなった。その内容は明治政府が許可する英語の教科書になったほどである。

その後マーデンは、「忍耐力」「楽観主義」「信念」「集中力」「自信」といったテーマで四十五冊に及ぶ著作を発表し、一八九七年に、人生とビジネスで成功をつかむための専門雑誌「サクセス・マガジン」を創刊させた。

マーデンは言っている。「失敗しないノウハウは存在しない。あるのは失敗から立ち上がるノウハウだけだ。そしてすべての人は、自分の力で人生を成功へと導く、限りない能力を秘めた運命の支配者である」と。人生のすべてを成功哲学の確立に捧げた人物。それがオリソン・マーデン博士なのである。

執筆者の赤松月船（一八九七～一九九七）は、九歳で出家して近くの長川寺に入り、小学校を終える頃、井原市善福寺の住職赤松仏海の養子になり、姓名とも赤松月船と改める。旧名は藤井卯七郎。四国の瑞応寺、福井の永平寺などで修行した。その間、藤浦洸、中西悟堂らと交流し、影響を受ける。大正七年上京し、日本大学宗教科、東洋大学国漢文科に学ぶ。生田長江に師事し、佐藤春夫、室生犀星らを識り、本格的な文学活動に入る。大正十四年、第一詩集『秋冷』発刊に際し、その長江、春夫、犀星の三人が序文を寄せている。昭和五年、第二詩集『花粉の日』を出版し、十一年には東京を去って帰郷、住職となり文壇から遠ざかる。のちに、洞松寺と善福寺の住職を兼務して、曹洞宗大教師となる。

豆の教え▼▼▼

二宮尊徳先生は生活の建直しで著聞の人である。ある日一人の学者が訪ねて来て、入門受教の儀をお願いに参上の旨申入れた。

いかに断っても、たってと頼まれるので、それではと面会し、

『貴殿は豆という字をご存じか?』

と、問うたものだ。

存じの旨を客人が答えると、

『では、豆と書かれい』

と、筆紙をそろえた。

さて、書き終わるのを待って、厩に案内して、

『さあ、とくと御覧じゃい!』

と、今しがた書いた豆の字を厩の馬に差しつけたが、馬は見向きもしなかった。

すると、尊徳先生は、別に携え来た袋から豆を取出して口に宛がうと、馬は鼻を鳴らして食べた。

『どうじゃ。学者と云う仁は、先ず字が有って、さて次に物が生ると考えたがるが、字の豆は如何に立派でも、馬は食べもうさぬ。

今のは私が作った実の豆で、豆は不出来でも馬が食べますじゃ。

世間の学者先生は、豆という字を教えた上でなくば、馬は豆を食べぬ、馬が好きにならぬと考えましてなあ』

と、――何うじゃ、お解りかい――とばかりに、新入門人を顧みた。

(前波仲子)

解説

二宮尊徳(一七八七～一八五六)は、江戸時代後期の農政家である。通称は金次郎と云い、相模(神奈川県)の農家に生まれ、少年時代に父母を失い苦労したが、勤労と勉学で二十四歳で一家をたてなおした。この体験をもとにして農村の救済と復興を指導した。一八二二年(文政五年)小田原藩士になり、豊富な農業知識と独特の政治力で、

六百余町村のたてなおしに成功したといわれる。一八五六年（安政三年）幕府に命じられて日光新領九十村の開拓に従ったが病気で死亡した。彼の天・地・人の恩を思って、よく働き、よく倹約するという報恩精神は報恩社運動として受けつがれた。

二宮尊徳の遺した逸話の中に次のような話がある。

尊徳が、茄子を食べたところ、まだ、夏の前なのに、秋の茄子の味がしたことから、その年は冷夏になることを予測し、村人たちに指示して冷害に強い稗を大量に植えさせた。予測したとおりその年は冷夏となり、天保の大飢饉が発生したが、桜町では稗の蓄えが十分にあったおかげで餓死者が出なかったばかりか、余分の稗を周辺の村々にも分け与えることができたという。

劣等生を大発明王に ▼▼▼

子供の性質をよく理解し、深い同情を以て親切に指導することは、児童教育の秘訣であるが、その方法の最も成功した一例は、発明王エジソンの少年時代における母の教育である。

少年エジソンは普通の子供と甚だしく変わっていて、親から叱りつけられると、いかに鞭でたたいて叱っても頑として、言うことを聞かなかったが、温かい同情を加えて励ますと、進んで勉強して飽くことがないという風であった。

その頃は、米国でも小学教育の方法は頗る幼稚で、たゞ鞭でたたき込むような詰込主義であって、エジソンの性質には全く適していなかった。

八歳で入学したエジソンは、いつも石盤に画をかいたり、傍見《よそみ》ばかりしており、どうかすると、突拍子もない質問をして先生を困らせた。そして先生の質問に対しては、いくら鞭で脅かしても、黙って返事をしなかった。同窓生はエジソンを低能児と呼び、成績はいつもビリであった。

入学後三カ月余り経ったある日、先生は、生徒一同の前で、エジソンは馬鹿だといった。

彼は家に帰ると母親に、

『先生が僕のことを馬鹿だといったから、もう学校へは行きません』

といった。

かって小学校の教員に奉職したことがあり、正しい児童教育の方法を知っている母親は、その扱い方を憤慨し、エジソンを学校へ連れて行って先生に逢い、

『あなたの教育法は間違っています。失礼ながら、この子はあなたより頭脳があります。今後、この子は家で私が教育して、立派な人間にしてお目にかけます』

といって、退学させてしまった。

それからというものは、母は鋭意エジソンの教育に腐心し、エジソンが興味を持ち、その性格に適うことを選んで勉強させ、その能力を十分に発揮させるよう、温かい愛情を以て指導、薫化し、一、二年の間に、近所のどの子供も遠く及ばぬ優等児にしてしまった。博識、勤勉、努力、忍耐、誠実等、エジソンをして発明王ならしめた教養の基礎は、実にこの時に築かれたといってよい。


『余の今日あるは全く母の賜物である』

大成してから、エジソンは常に、こう言っていた。

彼はまた、この母の教育を感謝して、次のように述べている。

『小学校で先生が余を馬鹿だといった時、余を最も強く弁護してくれたのは母親であった。母は余を心から信じていたのである。余はその場で、母の期待する人物となり、母の確信に背かぬことを、事実の上で示そうと堅く決心した。

母は子供の時の薫陶次第で、悪人になるべき人も、天下有用の材となるものであることを信じていた。余は子供の時は、だらしのない性質であって、もし母が、あのような性格でなかったら、碌な人間になれなかったであろう。母がしっかりしており、優しく善良であったことは、余をして正しい道を踏ませる上に、実に偉大な力となった。母の追憶は、余にとって神の祝福として、いつまでも残るであろう』

（原田三夫）

解説

アメリカの大発明家・エジソン(一八四七~一九三一)は、オハイオ州ミランに生まれ、小学校を三か月ほどでやめ、母の指導で勉強をつづけた。新聞の売り子から電信技師になり、一八七一年に印刷電信機を発明し、つづいて六重電信機などを発明して一本の線で同時にたくさんの通信ができるようにした。発明によって得たお金でエジソン研究所をつくり、生涯を通じて発明の数は千種をこえた。白熱電灯をつくり出したときは何千回という実験をくりかえし、最後に日本の竹から得た炭素フィラメントで成功した。今日の電灯もエジソンの努力によってつくられたものである。そのほかおもな発明に蓄音機や活動写真がある。

エジソンは『私の発明は九十九パーセントのパースピレーション(汗)と一パーセントのインスピレーション(ひらめき)のたまものである』と云った。

執筆者の原田三夫(一八九〇~一九七七)は、大正・昭和期の科学評論家で、愛知県名古屋市出身。札幌農学校で有島武郎に師事したが中退。東大卒後、東京府立一中教諭、北大講師などを努めたのち、科学啓蒙を志し、科学解説者、雑誌編集者として活躍した。大正十二年「科学画報」、十三年「子供の科学」を創刊した。かたわら、児童向き、一般向きの通俗科学書の著述に従事、「子供の聞きたがる話」叢書十巻、「オルフェの琴はもたねど」「原子力と宇宙旅行の話」「宇宙ロケット」「仏教の実と虚」「科学に基づく現代の宗教」「キリスト教を蓄く」など著書多数がある。

昭和二十八年には日本宇宙旅行協会を設立、三十年に理事長となった。三十九年に退任して、千葉県大原町に隠棲した。

商売の秘訣

スチューアートは十九世紀の米国を代表する資本家の一人であるが、彼は店員の厳守すべき掟として、どんな些細なことでもありのままを帳簿に記入するよう命じたのであった。それ故に店員はたとえどんな失敗を招こうとも、それを隠しだてして偽ることを許されなかった。

　ある日のことである。季節向きの新柄《しんがら》を大量に仕入れて、それぞれ店員の意見を聴取したことがあった。するとある者は、意匠があまり優れてないとか、又、趣味が余りに俗悪であるとかの意見を述べ立てるのであったが、中でも一青年番頭は特殊ものの見本を手に取りながら、スチューアートの前に立ってその欠点の一つ一つを滔々と述べるのであった。

　ところが其処へひょっこりと入って来たお客があった。見るとそれはスチューアート商会の大顧《だいと》客《い》である地方の商人であった。

　その人はつかつかと青年番頭の傍へ寄って来て、

『どうですか、何か新しい意匠のもので、一流品の見本はありますか』

　と尋ねるのであった。それを聞くと青年番頭は急に目を輝かせながら、即座に答えるのであった。

『え、、御座いますとも。唯今丁度、御望みの品と寸分違わぬすばらしいものが入っておりますよ』

　番頭がそう云いながら、お客の前に出したのは、彼が今の先までスチューアートの前に立ってけなしていた品物であった。彼は今までとは打って変わった調子で、

『さあ、如何です、この色合いといい、生地といい、全くすばらしいものではありませんか』

　まるで誇らしげにすすめるのであった。その弁舌につい釣り込まれた田舎の商人は、

『フム、フム、なるほどね』

　と云いながら、多額の取引を其処で済ませたのであった。が、その一部始終を黙ってみていたのがスチューアートであった。がらりと変わった番頭の態度を寧ろ呆気にとられたように見守っていた彼は、ここで初めて口を開いて云った。

『ちょっとお待ち！』

　そう店員を制しておいて、その顧客に対して丁寧に頭をさげながら、

『いや、これはどうも失礼いたしました。今、店

の者がお奨めした品物は、決して上等品では御座いませんので、どうか外の品物をとくと御覧下さいませ』

と注意するのであった。そして客が帰った後で、スチューアートは青年番頭にむかって、次のような宣告を下したのであった。

『君がこの店の店員として受取る最後の給料を、唯今即刻支払ってやるから、会計係へ行くがよい』と。

（横山青娥）

解説

この話の要諦は、平素、従業員（店員）に、守るべき掟を定め、これを徹底させることであった。にもかかわらず、ある日の出来事がスチューアート自身の目の前で、見事？に打ち破られたことにあった。幸いに青年番頭がついた嘘を顧客に直接謝ることで、何とか信用を保つことはできたが、スチューアートの心中は穏やかではなかったに違いない。スチューアートは守るべき掟を定めても、これを如何にして浸透させることのむずかしさをかみ締めていたことであろう。

執筆者の横山青娥（一九〇一～一九八一）は、高知県安芸郡安芸町（現：安芸市）に生まれ、一九二七年（昭和二年）、早稲田大学文学部国文科を卒業した。一九二一年（大正十年）西條八十の門下生となり、大正十五年から昭和九年にかけて「愛誦」を編集主宰する。また「昭和詩人」にも参加し、大正十二年刊行の「黄金の灯台」や「蒼空に泳ぐ」「海南風」などの詩集により、海洋詩人と称された。昭和元年童謡詩人会に入会、のち「コドモノクニ」などに童謡を発表する。昭和二十年帰郷し、二十六年再上京して本郷学園教員となり、のち昭和女子大学教授となる。国文学者としては「日本押韻学綱要」「日本詩歌の形態学的研究」「和歌日本の系図」などの著書がある。

月給の増す所以

明治の有名な教育家、新渡戸稲造は、その著書『修行』のなかに、こう書いている。

『僕が人を使っておった頃であるが、金を与えると、すぐに遣って終始貧乏し、遂には破廉恥罪を犯してくれなければよいがというくらい、金を浪費する人があった。間接に忠告すると、今の月給では溜めたところが知れたものだ。もう少し月給を貰わなければ、貯蓄する余地がないという。それなら、そういう人に月給を増やしてやるかというと、増やしてやればますます遣う。今のうちは二円の料理で済んだものが、増せば三円のものを喰うようになる。月々二十円くらいの借金で済ましたものが、月給を上げると五十円ぐらい借金を殖やして来るかも知れぬ。しぜん月給を上げぬ方がよいと思うようになる。

これに反し、俸給は僅かでも、これを貯蓄するとか、親に送るとか、子に送るとかすると、彼は感心だ、如何にも金を生産的に使うと思うから、却ってその人に好意を表したくなる。むろん役人は、ほしいままに月給を上下する権能はないが、上げる時期が来れば、如何に俸給令がやかましいといっても、上官は多少の手加減をする余地があるから、そういう時には不平をいわず、一所懸命に自分の職業を努めるものが、だんだん上って行く。しかして、真面目に自分の職業を務めるというものは、たいがい、皆とはいわぬが、平生自分の職業以上思想を養うものである。

人はその職業だけよりほかに、考えがなければ、とてもその職業を全うすることはできない。それ以上のところに考えを置かねばならぬ。これがこの世を渡る時に、心得るところであると思う。即ち、高い道を行こう。高いところに目的を置いて世渡りをしたい。然るに、僕は世間を見るに、普通、自分のなさねばならぬことを、いやいや小言をいいながらどうかこうか、やって行くものが多いらしい。職業以上の高いところに、目的を置くものが少なく、この余裕のあるものが乏しいように思う。故に商人なら商人として、その目的を完全に行わんとするには、一歩を進めて人として恥ずかしくないだけのことをして、世渡りをしたいと思う』

（水谷まさる）

■解説■

新渡戸稲造（一八六二〜一九三三）は、明治・大正時代の教育家・農学者である。岩手県盛岡出身で、札幌農学校（現：北海道大学）を卒業した。その後、アメリカ、ドイツに留学して農業・経済を学び帰国して札幌農学校教授になった。一九〇一年（明治三十四年）台湾総督府技師になり砂糖製造業の基礎をつくった。のち京都大学教授、第一高等学校校長、東京大学教授、東京女子大学学長になり、キリスト教的な人格と高い教養で学生に感化を与えた。一九二〇年（大正九年）から七年間、国際連盟事務局次長をつとめ国際平和につくした。著書に「農業本論」、英文の「武士道」などがある。

富豪と子供の教育 ▼▼▼

米国の石油王ジョン・ロックフェラーは、世界一の富豪で、時計の秒針が鳴ると共に、その富が一ドルづつの利子を生んでゆくとか、何でも地球始まって以来、一代に彼程金をこしらえた人間はないと言われている。

そこで新聞記者が、大富豪たる秘訣を聞くと、石油翁は、

『私は富を自分で作ったのではなく、神様から頂戴したのです』と応えた。

彼は青年時代から富は天のものという観念を抱いていた故、初めて就職して五十ドルの月給を得た時、その中から十セントを外国伝道に、五十セントを社会事業へ、十二セントをキリスト教団体に、三十五セントを日曜学校教師に献金した。

それ以来、収入の増加に従って彼の寄付金は逐次増し、現在世界三十七ヶ国の文化慈善事業の為に、年額七億五千万ドルがロックフェラー財団に依って献金されている。

彼は常に、

『金は神様のもので、私はいわば神様からそれをお預かりしている番頭のような者であるから、決して自分の気儘に使ってはならぬ。たとえわが子でも金の正しい使用法を知らない者には、私は財産は譲れぬ』といっていた。

ロックフェラー第二世は、その父の眼識に叶った人物だけに、五人の息子の教育に細心の注意を払い、彼らが神の番頭として役立つ人物になるようにと心掛けている。第一に富豪の息子であるという観念を与えぬようにというのが、彼の教育方針である。世の富豪のように子供の欲するまゝを自由に与えるという事をせず、特に一番高価なものや、一番大きな品は絶対に子供らに買い与えた事がない。

次に金銭の正しき使用法を教える為、七八歳になると、一週三十セント位の小遣銭を与え、その使途を明記させて、週末に父親自身がそれを検閲し、帳簿が不正確な場合は、五セントの罰金を徴発し、忠実に整っていた場合は褒美として五セントを与えた。

富豪の特権を濫用させぬようにという心遣いと同時に発育盛りの子供等の保健上の立場から、遠隔の地に在る学校へ通学する五人の子供達は、毎朝二マイルの道程を歩いて行き、一定の地点にロックフェラー家の自動車が待っていて、彼らを学校まで送る慣例になっていた。

こうして教育された五人のロックフェラー三世達は、立派な青年紳士となり、富豪の子弟に有り勝ちな三面記事の種を播くような者は一人もなく、五人打揃ってそれぞれの天分に従い社会の為に働いている。

（松本恵子）

解説

ロックフェラー（一八三九〜一九三七）は、アメリカの実業家でロックフェラー財閥の創始者である。ニューヨーク州で行商人の子として生まれた。はじめ農産物仲買業をしていたが、ペンシルバニアで石油鉱脈が発見されると、その将来性に目をつけ、一八七〇年オハイオ・スタンダード石油会社をつくって社長となった。その後、アメリカ最大の製油会社に発展、他の業者を買収して独占を進め、石油王といわれるにいたった。財界を引退してからは慈善事業につくした。一億八千万ドルという巨額の基金でロックフェラー財団をつくり、人類の福祉を増進することを目的に多くの文化事業に援助を与えている。世界最大のロックフェラー医学研究所もそれによってできた。

執筆者の松本恵子（一八九一〜一九七六）は、日本の翻訳家・推理作家・エッセイストであるが、北海道函館市に生まれ、東京、直江津（現：新潟県上越市）で育つ。直江津への移住は、父・伊藤一隆が、当時直江津で石油事業を手がけていたエドウイン・ダンの招聘を受諾して、一家で移り住んだためである。青山女学院英文専門科を卒業した。ロンドンに日本語の家庭教師として赴任し、松本泰（本名松本泰三）と知り合い、一九一八年結婚した。翌一九一九年に帰国し、夫婦で東京・谷戸で貸家業を始め、傍ら夫が刊行した『秘密探偵雑誌』に翻訳や小説を発表した。一九二八年には、同棲中の小林秀雄と長谷川泰子の大家でもあった。この家の向いに田河水泡が住んでいたことから小林の妹の潤子との仲を取り持ち、夫婦で二人の仲人を努めた。一九三九年に夫と死別後中国に渡り、北京でキリスト教婦人団体施設「愛隣館」の事業を助ける。終戦後帰国し、横浜で翻訳に従事したほか、一時桜美林大学でも教鞭を取った。『若草物語』など数多くの児童文学や、アガサ・クリスティなどの英米ミステリの翻訳書がある。一九七四年、第十六回日本児童文芸家協会児童文化功労賞を受賞した。

港まんじゅう▼▼▼

横浜のどこやらに港まんじゅうとか唱えるまんじゅう店があった。今の主人の前の経営者か、あるいは、その前の代の主人――というといかにも昔のように聞えるが、実はこの話の主人公は本年未だ四十歳前後の青年である。

彼は二十歳台で、まんじゅう屋を開いた。よく勉強し、よく働いたのでお陰で店は繁昌し、雇人も数名使うようになった。店が繁昌するので雇人にも比較的よい待遇が与えられたにいも拘わらず、主人が居ないと、店員達が不平を云った。それとなく注意していると、不平の大半が食事についてであった。そこで、主人は雇人を集めて相談した。

『家内でもあればよいのだが、僕も一人者だ。諸君の食事のお世話まで行きとどかないのが残念だ。そこで、どうだろう、諸君の手で献立を作ったら――今まで一人当たりの食費はガス水道一切とも一ヶ月二十円かかったから、その予算で一つ賄ってくれまいか。しかし、毎日ご馳走を食べて月末に食費が足らなくなっても、僕は責任を持たないよ。だが、若し食費が余ったら、諸君の手で、それを然るべく、分けるなり、又別のご馳走を食べるなりしても、良いことにしょうじゃないか』

雇人は喜んで賛成した。月末に幾分の小遣銭を分けようというつもりで、それからは、食事が一層お粗末になって来た。今度は、悲鳴をあげたのが主人だった。

『こんな飯が食えるかい』

というと、雇人達が、『旦那、それは贅沢というものですよ』というふうになった。

雇人というものは、自分の手で賄ったものに対しては、それがどんなに貧しいものでも不平を云わないということを発見したそのまんじゅう屋の主人公は、それからはすべて雇人の合議制を採用した。

そうして、彼が、まんじゅう屋を他人に譲り、一万円の現金を握って南米へ雄飛し、忽ちにして中南米に確固たる地位を築く一大事業家として成功したのも、実にこの雇人に関することは雇人の手によって行わせ、利益の分配までが従業員の合議によるという主義が全従業員に喜ばれ、従業員の陰日向ない努力によると云われている。

彼の名は故あってここには記さないが、知る人ぞ知る。

（倉本長治）

■解説■

この話の主人公は誰であるかは、伏せてあるので分らない。しかし、この話の要諦は、このまんじゅう屋の主人が、人間誰もが持っている、参画意欲、自立心、向上心などをうまく引き出し、その結果、誰も傷つくことなく、商売の目的を達成することができたと思うのである。

執筆者の倉本長治（一八九九〜一九八二）は、日本の商業界の礎を築き、戦後の日本商業において指導的役割を果たした経営指導者の一人で、戦前戦後を通じて商業指導に尽力し、「店は客のためにある」という商人哲学を遺した。商業者は消費者に代って商品を選び、仕入、販売するのだから、その対価として適正利潤を得るのは当然とし、また、商業者は消費者に対し公平公正であらねばならず、それが商業を成長させ、消費者の生活向上、社会の発展につながると主張した。

これが江戸時代以来「士農工商」と卑しめられてきた商人たちに自信と勇気を与え、商業近代化の精神的原動力となったのである。

『店は客のためにあり』『店員と共に栄え』『店主と共に滅びる』――倉本長治のモットーこれである。

盡忠の声

松平信綱がその病の危篤であった時、苦痛のやや減じた時に近習に向って、

『念仏を唱えると来世が助かるか?』

と聞くと、

『如何にも往生疑いなき由を承っておりまする』

と、近習は答えた。すると信綱は、

『人の死ぬ時の煩悩妄念で、来世にも念を離れないと云うのは真実か?』

と、また聞いた。この時近習は更に、

『左様に申しておりまする……』

と答えた。そこで信綱はまた

『然らば、我は眼を閉じて、ただ奉公々々と唱えて往生いたそう……日頃御奉公をいたしたいと思っていたことなれば、たとえ死ぬるともこの念を離れぬようにいたそう!』

と語り、やがて病状が募って、今や最期と思われる時、信綱は涙を流しながら、

『御奉公々々……』

と微かな息のなかから唱えていた。するとまたもや、苦痛が少し治まると、眼を見開いて、

『幽霊というものはあるものか、無いものか?』

と、また問うた。

『これはこの世に想いを残すものには、これま

で随分有ると申しますから、有るものと存じまする』

と、近習が答えると信綱は、

『されば、我は死して後も、幽霊となりて我が君を守らん』

と云い終わって眠るが如く大往生を遂げたということである。

（高島平三郎）

解説

この話の主人公・松平信綱（一五九六〜一六六二）は、慶長三年十月三十日大河内久綱の長男として生まれ、松平正綱の養子となる。慶長九年（一六〇四）徳川家光が生まれると小姓として近侍する。元和六年（一六二〇）五百石を与えられる。元和九年六月小姓組頭となり、三百石加増される。同年七月家光の上洛に供奉し、伊豆守に叙任される。寛永元年（一六二四）二千石に。同三年七月家光の上洛に再度供奉し、翌年一万石となる。寛永九年十一月老中並、翌年三月六人衆（のちの若年寄）を兼務、五月には年寄に加えられ、武蔵国忍城主三万石となる。十一年家光の上洛に供奉し、十二年十一月土井利勝、酒井忠勝、阿部忠秋、堀田正盛と共に月番を割り振られ、名実ともに年寄の地位に立った。

その後、島原の乱を鎮圧し、その功で川越藩主となり、六万石の大名となる。家光死後は将軍家綱を補佐。参勤交代の制度化など幕藩体制の基礎づくりに貢献した。藩政では川越城下の整備、野火止（のびどめ）用水の開削などを進めた。茶人の小堀遠州と親交があり、伊豆守「智恵伊豆」と称されたが、寛文二年（一六六二）三月十六日六十二歳で死去した。

執筆者の高島平三郎（一八六五〜一九四六）は、明治から昭和前期の児童心理学者、教育者である。慶応元年十月一日生まれ、独学で児童学、心理学をおさめ、東京高等師範学校、学習院、日本女子大などで教鞭を取る。児童心理学にもとづく家庭教育を提唱、雑誌「児童研究」の顧問を務め、東京右文館で教科書を編集した。昭和二十一年二月死去、八十二歳であった。

より以上の努力

本因坊秀哉名人（本名田村保壽《やすひさ》）が、初めて碁を覚えたのは、明治十六年十歳の折であったが、翌年当時神田神保町にあった方圓社《ほうえんしゃ》の塾生となった。

その頃方圓社は、全盛時代の有名な村瀬 秀甫《しゅうほ》八段を社長に戴き、鬼才小林鉄次郎六段が塾監として睨みを利かしていたので、塾生のしめつけは頗る厳しく、且つ先輩には塾生頭の石井千治（後の二代目中川亀三郎八段）をはじめ、杉岡栄治（夭折）田中政喜（後五段）等々の名だたる俊秀が揃っていたので、これに揉まれ磨かれて、田村少年の棋才はぐんぐん光り出した。然し、田村少年が強くなるのに比例して、これ等諸先輩の碁も進むので、その差は少しも縮まらなかった。

そこで勝気な田村少年は（これではいけない、如何かしてあの人達に早く追い付きたいものだが……）と、いろいろ考えたが、『碁の強くなる薬』なんて重宝なもののあろう筈はないから、結局相手より以上の努力をする外はないことに気がついた。

然し、朝から晩まで行動を共にしている塾生同士で、相手以上の研究時間を得ようとすれば、勢い眠る時間を縮める外はない。――それから田村少年は、これまでよりも少し早めに床に入り、深夜になって起き出て、一わたり研究してから明け方また眠ることにした。が、これは眠い盛りの少年にとっては、容易なことではなかったが、意志の強い田村少年は、よく辛抱してやり通した。

当時高橋杵三郎《きねさぶろう》五段が、方圓社の留守を預かっていたが、この人は定石博士と綽名されるだけあって、人一倍研究心が強く、毎夜お客を帰したあとで、ひとり碁盤に向って、明け方まで碁徑を調べるのを常としていたが、深夜言葉仇とてない折柄、田村少年が自分の傍へ来てコツコツやっているのを見ると、懐かしさを覚え、吾から進んで、碁の理論をいろいろと説明してくれ、後には、

『田村、一番、打ってやろう』

と、碁まで打ってくれるようになった。

他の塾生達は、自分等より先に床に入った田村少年が、自分達が起きても尚、昏々と眠っているので、

『よく眠るなあ、田村の寝呆助』

と嘲笑ったが、田村少年の碁はメキメキ上がって、僅か三ヶ月程の間に、先輩達に二目程追いつき、十三歳にして早くも初段格を授けられた。

（岡田東魚）

■解説■

本因坊秀哉（一八七四〜一九四〇）は、明治から昭和時代前期の囲碁棋士である。明治七年六月二十四日東京都に生まれ、本名田村保寿という。本因坊秀栄に入門し、明治四十一年本因坊二十一世をつぎ、大正三年世襲制最後の名人となる。十三年日本棋院の創立に参加した。昭和十二年本因坊の名跡委託を決意し、十三年木谷実を相手に名人引退碁を打った。昭和十五年一月十八日死去、六十七歳であった。

執筆者の岡田東魚（生没年不詳）は、北海道函館生まれの、本名は金蔵という。明治大学入学後、政治活動にのめり込み、一九一二年から尾崎行雄の遊説に随行して全国をまわったりしたという。一九一五年には政治活動をやめて、明治大学に復学した。一九一七年明治大学を卒業して郷里の函館へ帰る。

何年かして上京、講談社の『講談倶楽部』編集者となり、一九三三年頃からアテネ・フランセに通い始める。囲碁が得意で、本郷三丁目の碁会所「富岡」の常連でもあった。

その後、坂口安吾らと知り合いになり、文人囲碁会をつくり、文人仲間同士の囲碁戦を戦ったりして、囲碁を楽しんだ。晩年は一時精神病院へ入院するが、すぐに退院して郷里の函館へ引越したが、没年はよく分らないという。

ところで、私も少しは囲碁をたしなむが、昔若い頃（二十代後期）、某所において、大阪出身の棋士・橋本宇太郎本因坊の講演を聞いたことがある。その内容は今も鮮明に憶えている。

橋本少年は、小学低学年の頃、通学路の途中に

一軒の碁会所があった。学校からの帰り道、何か大人が白と黒の石を並べて遊んでいる。橋本少年は、碁会所の窓から何時もそれを見ていた。毎日見ている内に、段々と囲碁がどういうものかが判って来た。そんなある日のことである。碁会所の主人らしき人が橋本に云った。

『これこれ坊や、そんなところで道草ばかりしていると叱られるぞ、第一お前のような子供には分らないだろうに』と。そこで橋本少年は云った。『ぼくは碁は打ったことはないが、見ていただけでよく判る。この中にいるおじさんたちと打っても僕には、勝てないだろう』と云った。店の人は呆気にとられて、『そんな生意気な事を云うんだったら一つ試してやろう』と云うことになり、橋本少年は、中に入り大人を相手に碁を打つことになった次第である。

大人たちは汗をかきながら橋本少年にたいしたのであるが、誰一人橋本を負かすことができず、橋本少年の一人勝ちとなったのである。

地元では、「天才棋士現る」と大騒ぎになり、十三歳で上京し、瀬越憲作先生に入門して腕を磨き本因坊まで登りつめたのである。

応対のコツ▼▼▼

世界の百貨店王ジョン・ワナメーカーの経営するニューヨークのさる百貨店の手袋売場へ、ある日、一人の老紳士が現れた。折から、係の女売子は、婦人客相手に手袋を売っている最中であった。やがて、その婦人客が皮の手袋を一つ買って去ってしまうと、女売子は、老紳士に向って、

『何をさしあげましょうか？』

『羊皮《ようひ》の手袋を一つ』

ところで、それを買ってしまうと、紳士は改めて妙なことを云い出した。

『こんなことを云って、気にされては困るが、さっきの婦人客に対するあなたの応対ぶりには、まだまだ改善の余地がありますね』

『まあ、どうしてですかしら』

『あなたの応対一つで、もう一つ位はお買い上げ

下さったかもしれないと私は思うのですがね』

『まあ、ずいぶんえらそうなことを仰いますのね。では、どんな風にやるのか、一つお手本を見せて下さいません？』

『承知しました』

老紳士は、気軽に帽子や外套を脱ぐと、売場の中に立った。やがて一人の婦人客が来た。老紳士は、丁寧に腰をかがめながら、

『毎度御贔屓をいただきまして有難う存じます。今日はどんなお品を……』

『洗濯のきく白手袋がほしいんですけど』

紳士は、すばやく女売子に合図して、白手袋の見本を並べさせた。『いかがでございましょうか、この品などは。特に吟味して作らせたものでございまして、何遍お洗濯なさっても、決して変色したり縮んだりするようなことはございません』

婦人客は、すぐに一つ買った。すると紳士は、すかさず、

『ところで、お洗濯なさいますような時には、その間、代りの品がお入用かと存じますが……』

『そうね、じゃ二つ頂くわ』

『ありがとうございます。白の手袋は、清楚で、お上品で、まことに結構ではございますが、ふだんお召しになりますと、どうしても汚れ勝ちで、そのためでございましょうか、近頃では、何か色のついたものはないかなどと仰るお方がよくございますので、当店でも、本年の流行色として鼠色のお手袋を売出すことにしましたところ、各方面から、たいへん御好評をいただいておりますようなわけで……。鼠色もなかなか落ちついて高尚で、教会のマチネーなどには、かえってこの方がお似合いかとも存じますが……』

『そうね、鼠色もいいわね』

かくて、婦人客は、とうとう三つとも買ってしまった。唖然としたのは女売子である。

『まあ、なんてお上手なんでしょう。あなたは、きっと、今までどこかで売子をやっていたのね。そして、この店に雇われようと思って、売込みに来たんでしょう。そうにちがいないわ』

老紳士は、微笑したまま、それには答えず、外

套と帽子をうけとると、ポケットから一枚の名刺を出した。それには、『ジョン・ワナメーカー』と書いてあった。

（大久保康雄）

■解説■

この話の主人公であるジョン・ワナメーカー（一八三八〜一九二二）は、ペンシルバニア州フィラデルフィア出身の百貨店経営者、宗教指導者、政治家でもある。「マーケチングにおける先駆者」ともいわれる。のちに郵政長官も努めた人物である。

ワナメーカーは、一八三八年七月十一日南フィラデルフィアで生まれた。一八六一年、兄弟のN・ブラウンと協力して、フィラデルフィアのジョージ・ワシントン邸宅横に彼の最初の紳士物衣料店ブラウン・ワナメーカー商会を開いた。彼は「一つの価格と返品可能な商品」という新しい商売方法で店を発展させ、一八六九年に二号店をオープンさせた。その後一八七五年に使われていない鉄道車庫を購入し、「グランドデポット」と呼ばれるデパートを建設した。一八六〇年に結婚、六人の子供をもうけた。また、熱心なキリスト教徒であり、フィラデルフィアＹＭＣＡの発展に大きく寄与した。

一八九六年には、ニューヨークに百貨店を出店させたほか、ロンドンやパリにも出店し、海外ビジネスを拡大させた。

一八八九年には、Ｂ・ハリソン大統領によってアメリカの郵政長官に任命された。初の記念切手を発行するなど郵政事業に力を注いだ。

彼は一九二二年十二月十二日に亡くなったが、遺された遺産は約一億ドルと推定され、子供と孫の三人に分配された。なお、百貨店は次男のルイスに引き継がれた、という。

一滴の節約 ▼▼▼

米国の初期のスタンダード石油会社の外装係に就職した一青年があった。彼の仕事というのは、石油の一杯詰った罐の蓋をハンダで密閉するのであった。すべて精巧な機械仕掛で、融かしたハンダが一滴づつ落ちて来る。そして従来三十九滴のハンダで一罐を密閉するように調節してあった。

人一倍仕事熱心な彼は、その点を新たに研究して見たくなった。もっとハンダを少なくしてはどうかと思って、数回実験の結果、三十七滴では少し不足であるが三十八滴で完全に密閉できることを発見した。以来その調節で仕事を進めたが、外装不完全という非難を一度も聞かない。それのみか一年の終りには、五万ドル（邦貨約十五万円）のハンダ代が浮くことになった。

この事が会社の首脳部に知れ、やがて彼は重く用いられるようになった。彼こそ後に米国の石油王となり、世界一の富豪と称せられたロックフェラー氏であった。


（大澤　要）

解説

ロックフェラーの人物像については、「富豪と子供の教育」のところで述べたので省略する。

この話の要諦は、「塵も積もれば山となる」の格言どおりの理を実践して見せたものである。

涙の訓誡

男爵、白川義則大将は、非常に寛大で、誰に対してもやさしく、私事に亘ることでは、一切、口喧しいことなど云わなかった。が、ある時、妹さん婚家先の養子となっている兄の子、つまり大将の甥に当る青年が、高等学校を中途退学して、書家になりたいと云って来た時、涙を流しつつ、諄々として理非を説いたことがある。

『お前は、幼少の頃、他家の人となった以上、大きな義務がある。高等学校をやめて、書家になりたいという、お前の願望は、天分から云えば、わしも認めぬではないが、しかし、周囲の事情や境遇を考えて見なければならない。自分だけよければ、それでいい、自分だけ満足すれば、あとはどうでもいいというのでは、養家に対しての義理は立たぬではないか。わしは、白川家が窮迫のどん底へ落ちた頃、中学へ入学したが、眼の見えぬ兄があり、その兄が母に向って、自分のような厄介者がいては、皆の者を苦しめるばかりだから、いっそ死のうかなどといったことがある。わしは、それを聞いて、どんなことがあっても、不憫な兄を身捨ててはならぬ、一家のために犠牲となって、一生懸命に努力せねばならぬと、固く決心して、中学も一年で退学してしまった。以来、自分一個人の勝手な考えをおこしたことはない。

何事をやるにも、一家のためを思って、去就進退して来たのだ。お前も、もう少し眼界を広くして、冷静に物事を判断せねばならぬ』

青年の心は、この大将の訓誡に打ちのめされて、翻然として悔悟し、学業にいそしむようになった。――この人は、学業を終え現に実業界に雄飛している。

（伊賀上　茂）

解説

男爵、白川義則（一八六九～一九三二）は、松山藩士白川親応の三男として生まれ、松山中学校に入学するが、中退して代用教員となり、一八八四年（明治十七年）陸軍教導団に入る。一八八六年（明治十九年）同団を卒業し、陸軍工兵二等軍曹となり、近衛工兵中隊に配属される。翌年、士官候補生となり歩兵に転科、歩兵第二十一連隊付を経て、一八九〇年（明治二十三年）に陸軍士官学校を卒業。士候（士官候補生）一期の同期生には参謀総長兼議定官の鈴木荘六大将、陸軍大臣・朝鮮総督の宇垣一成大将がいる。一八九一年（明治二十四年）陸軍少尉に任官。一八九三年（明治二十六年）に陸軍大学校に入学するが、翌年には日清戦争が勃発したことにより、中退し、同年八月中尉に進級、十一月から出征する。翌年七月に内地に帰還し、陸軍大学校に復校する。一八九八年（明治三十一年）陸軍大尉に進み、同年十二月に陸軍大学校を卒業し、歩兵第二十一連隊中隊長となる。

その後、陸軍士官学校教官、近衛師団参謀を経て、陸軍少佐に進級し、歩兵第二十一連隊大隊長となり、日清戦争に出征した。戦中には第十三師団参謀に補される。一九〇五年（明治三十八年）九月に内地に帰還し、同年十月から陸軍省人事局で勤務する。

戦後は、第十一師団長、陸軍省人事局長、陸軍

大臣、関東軍司令官、航空部本部長などを歴任。

　上海事変が勃発した昭和七年一月、上海派遣軍司令官に就任した白川は昭和天皇の期待に応えて陸軍の暴走を抑え、停戦を断行して三月には事態の収拾に成功した。しかし、その翌月、天長節祝賀会の際に朝鮮人が投げた爆弾で重傷を負う。この時、白川は全身に百八個所もの傷を負いながらも、血を拭うこともなく悠々と壇上から降り、手当を受けながら現場の指揮を執ると共に、同じく重傷を負った野村吉三郎、重光葵の容態を軍医に訊ねていたという。その後、手術を受けた白川であったが、翌月に容態が急変して亡くなった。白川の死を悲しんだ昭和天皇は「をとめらのひなまつる日にいくさをばとどめしいさをおもひてにけり」との御製を侍従長の鈴木貫太郎に持たせ、白川家の遺族に贈っている。

　執筆者の伊賀上茂は、明治二十七年松前町で生まれる。埼玉県在住。愛媛新聞社文化部長、論説委員、東洋大学校友会事務局長などを努めた。

　本人の述懐――私は学生時代に左翼思想に傾き、はじめアナーキズムから出発して、マルキシズムに転向した。プロレタリア詩人会の結成や「プロレタリア誌」の発刊には、微力を尽したつもりである。しかし朝鮮に渡り、さらに北京に滞在するに及んで、私は民族的な自由主義思想を抱くようになった。――と詩集『残照』（昭和五十三年九月三十日発行）のあとがきに遺している。

損して得したイーストマン▼▼▼

　最も大衆的なカメラとして全世界に普及しているイーストマン・ベスト・コダックを発明したのは、米国のカメラ王ジョージイーストマンであるが、彼はもと一保険会社の会計係であった。道楽の写真器から思いついて、乾板の発明に成功し、ついに一八八〇年十月、ヘンリー・ストロングという人の資金援助を得て、自ら製作工場をつくり、『イーストマン式乾板』と銘うって市場に売り出した。

　便利で安いと云うので、注文引きもきらず、その評判はたちまち全米に喧伝され、創業早々一ヶ月に四千ドルの売上げを見るという盛況だった。

ところが、翌年の春になると、注文が、ぱったり止まってしまった。どうしたのだろうと首を傾げているところへ、取引先の商人がどなりこんで来た。

『あの乾板は、一冬越したら、まるで駄目になってしまった。あんな不完全なものを押しつけては困るじゃないか。お陰で、この頃は、お客様から、叱言や苦情ばかり持ち込まれて、われわれはえらい迷惑だ』

そこで自分でも試して見ると、まさしくその通りである。(これはいかん。こんな不完全なものを売っては、信用にかかわる。人間は信用が大切だ。……そうだ!)

何事か決心すると、彼は早速印刷物をつくって、全国の取引先に配った。それにには、こうした意味のことが書いてあった。

不完全な製品のために、多大の御迷惑をかけ、何ともお詫びのしようもない。残品があったら、原価で引取るから、全部返送していただきたい。思うところあって、一旦工場を閉鎖するが、いずれ完たる製品をつくってお目見得するつもりである。その節には、ぜひ倍旧の御援助を賜りたい。

こうして彼は、返って来た残品を、片っ端から、こなごなに粉砕してしまった。そして工場を閉鎖すると、漂然として姿を消し、英国に渡って、ニューカッスル写真研究所の研究生として研鑽をつむこと半歳、ついに何年たっても能力の変らぬ乾板の発明に成功した。そこで再び米国に帰り、工場をおこしたが、取引先でも、彼が以前に残品を引取ってこなごなに粉砕した一事を知っているから、新しく売出す以上は必ず完全なものにちがいないというので、すぐ取引きを開いてくれた。かくして、イーストマン・コダックは、やがて全米を征服し、ついに全世界を征服し、今日の大を成すにいたったのである。

(大久保康雄)

■解説■

イーストマン(一八五四〜一九三二)は、アメリカの発明家・工業家である。ニューヨークに生まれ、銀行につとめていたが、写真乾板の製造をはじめ、苦心を重ねて一八八〇年ロールフィルムの制作に成功して。一八八八年には有名なフィルム・カメラ（コザック）を発明して、これを普及させた。そしてニューヨーク州ロチェスターにイーストマン・コザック会社を創立して一生その経営にあたった。またロチェスターにイーストマン音楽学校をつくった。なくなってのち、イーストマンの住居は、その生誕百年祭を機会に写真博物館として公開されるようになった。

苦しい時は母を懐《おも》え▼▼▼

アメリカにウールウオース十セント均一店と云って何千と云う多数の店が連鎖式に経営されている有名なチェーンストアがある。日本の高島屋均一店などもこれを模倣したものである。

今は故人であるが、この大きなチェーンを築き上げたエフ・ダブリュー・ウールウオースは、もとは水呑百姓の子で、小さな都会へ少年店員にやられ、後遂に均一店主になったのであるが、彼はその自叙伝に始めて奉公に行く時の事をこう書いているのである。

『私は始めて父母の許を離れて町へ奉公に出るのである。雪が積もっていた。橇に乗って門口に出ようとすると、母は一寸待てと云ってホカホカとした蒸し芋を一包み持って来てくれた。貧乏な私の母は、倅の門出に当って、これ以上の餞別をする事が出来なかったのである。

併し私はこのお芋を貰って、母の温かい心を感じた。私の橇は走り出した。私は――私の姿の見えなくなるまで、門口から私を見守ってくれた父と母の姿が――もうボンヤリとした目に映らなかった時、両頬に熱い涙が伝わって来るのをどうする事も出来なかった。私は一生涯を通じて、この時の父と母と、そして蒸し芋とをわすれなかった』

ウールウオースは店員生活をして苦しい事や悲しい事がある度に、蒸し芋を思い出したのである。

事業に着手してからも、頓挫して、失望落胆すると、母の顔と蒸し芋の湯気とを思い出したのである。そして遂に均一店王になった。

故郷を出て、人の家に飯を食っている少年諸君よ、諸君も亦、ウールウオースのように、意気沮《そそう》喪した時には、母を懐うがよい。母はいつでも諸君の傍へ来て、諸君を慰め、そして励ましてくれる。

（清水正巳）

■解説■

この話に登場するウールワース（一八五二～一九一九）は、アメリカの実業家で五セントと十セントのバラエティー・ストアを最初に始めた人である。公立学校および実業専門大学卒業後いろいろな店で事務員として働いたのち、一八七九年ニューヨーク州ユティカで「五セント・ストア」を開店、あらゆる商品を均一の値段で販売して成功した。その後ペンシルバニア州のランカスターに「五セント＝十セント・ストア」を開設、一九一二年初期のチェーン店をF・W・ウールワース・カンパニーに統合した。そして一九一九年までに全米各地に千軒以上もの店を開店させた、という。

執筆者の清水正巳（一八八八～一九四五）は、わが国の戦前における代表的商業研究者の一人である。清水は今で言う経営コンサルタントの草分け的存在であり、商業雑誌「商店界」の主幹として活躍する。「商店界」は戦前における中小小売店主の唯一のテキストであった。

清水はその著書が百冊にも及んでいるが、その代表的な著作は『商店の管理及び経営』と『小売店経営実務』である。米国の視察旅行をもとにして、日米の商店の比較を行っている。米国の商店とは大都市の百貨店やその周辺の商店街をモデルにしている。日本の商店は、大型商店というよりも、むしろ中小小売店を想定している。清水は、米国の商店と日本の商店を土台にして、「商店の管理及び経営」を執筆している。

清水は、商店経営についていろいろな試行錯誤を繰り返しながら、百貨店を一つの理想像として、中小小売店への応用を提唱したのである。百貨店はわが国においては米国の文化の象徴であり、清水は米国文化の伝道者でもあった。しかし、清水がモデルにしていた百貨店は中小小売店と対立することとなり、百貨店に対してどのように対抗するかが問題になった。清水は百貨店に対抗するにも、中小小売店の近代化が必要であると説いた。その意味で低学歴の商人に対して近代化を促進した意味でその功績は大きいものがある。

兎も角専門家の間では、清水の商業指導の在り方について、賛否両論があることは確かであるが、商業経営の在り方に一石を投じたことは、間違いない。

峨山禅師の寝衣《ねまき》

天龍寺派管長峨山禅師の病中、今日もマッサージ療治に呼ばれた井上仲子という老婦人は、雲水に案内されて隠寮へおもむく途中、そこの裏庭に、一枚のひどいボロ着物が乾してあるのをみとめた。地は本ネルらしいいいが、幾十年着たものか、擂り切れて穴のあいたのに、上から上と白木綿のツギをあて、雑巾か刺子のようになった代物である。

『まあ、あれはどなたの着物ですか？　よくもまあ、あんなボロのような着物を着る人がありますなあ』

思わず頓狂な声で尋ねると、雲水は『叱ッ！』と制して拇指を立て、ひくい声で、

『そんな大きな声を出しなさんな。あれは老師の寝衣じゃ』

『えッ、あれが、管長様の――』

仲子は、そこにへタへタと坐りこみ、掌を合せてその寝衣を拝んだ。

その後間もなく、峨山禅師は急性肺炎のために遷化せられた。かねてお気に入りであった仲子には、遺物《かたみ》として白縮の単衣をおくられたが、仲子は、それをもって急いで大龍寺に駆け付けた。

『折角の思召ですが、こんな結構な品は勿体なうございます。これは御辞退いたしますが、就きましては禅師様の御生前お召しになった、あのボロボ

ロ――いえ、幾重にも綴ったお寝衣は、如何なされましたでしょうか?』

『あんな物は仕方がない。雑巾同様じゃから、洗濯婆のお安に呉れてやった』

『あ、、惜しいことを――』

仲子があまり落胆するので、役僧が洗濯婆にたずねてみると、『まだあのままです。あんな物が御入用なら、いつでも差上げます』という。仲子は飛び立つ思いで、新しいネル一反と交換した。洗濯婆は目を丸くしてよろこんだが、仲子の喜びは比較にならぬ大きなものである。

桐箱ではかえって禅師の御心にそむくと考え、杉箱を作って寝衣を納め、家人や親類のものに拝ませて質素の模範としているのを、東福寺派管長敬冲《けいちゅう》禅師と北垣静屋居士《きたかきせいおくこじ》とが伝え聞き、箱に由緒書を揮毫してやって、大いに仲子の志を称した。

この噂は次から次と伝えられ、拝観を乞うものが引きも切らぬという有様――。するとある夜、天龍寺の役僧が悄然してやってきた。

『井上さん、面目次第もない。あなたが大切に保存しておられる峨山禅師の寝衣は、天龍寺に永遠にのこさねばならぬのに、愚僧たちの不明、慚愧に堪えません。今更返して下されとも申されず――』

冷や汗を流して恐縮する様子に、仲子は、欣然として答えた。

『そうお気づきになれば何よりです。御寝衣は、よろこんでお納めいたします』

市井の一マッサージ師ではあるが、さすがに峨山禅師の気に入ったほどの仲子、箱入の寝衣に保存料まで添えて、快く返納した。

かくして、ボロボロの寝衣が天龍寺の寺宝となったのである。


（大坪草二郎）

解説

峨山禅師及び執筆者の大坪草二郎については、冒頭の「多忙の大半は無駄」のところで述べたので省略する。

『ボロは着てても心は錦……』水前寺清子の一八番である。この演歌一つで説明が付くと思う。

この話の主人公は、峨山禅師ではなく、市井のマッサージ師である井上仲子なる人物の純粋な心意気である。

那波道圓▼▼▼

紀伊大納言頼宣卿（家康の十男）は、ある時、大高源左衛門という士がしくじりをしたので、それを叱った揚句、

『自分は不幸にして、良い武士を持たぬので、何事もとどこおり勝ちで困る。良い臣というものはないものじゃ』

と、思わず愚痴をこぼされた。それを傍にいて聞いた道圓は誰に云うとなく、つぶやくのであった。

『自分に人を見る眼がなくて、人の善悪を見きわめられないのを少しも気付かないで、唯人を責めて、良い者がいない、良い者がいないと云うのは少しどうかしている。外様の中からでも、良い者を選ぼうと思うなら、智者も勇者もいくらでも湧いて出るだろうに、良い者がいないなどとは、結局人を見る目が暗いのがそうなるのだろう』

それを聞きとがめた頼宣卿は、しばらく無言のまま立っていられたが、やがて篤と御合点が行かれたものであろう。

『道圓よく云ったぞ。わしの愚痴は悪かった。なるほど、家に良臣がいないというのは、主に人を見る目が欠けているからじゃのう』

と、自分の言葉を悔いられて、道圓の忠言をこころよく受け容れられたのであった。

この道圓は常に自分の子供達をさとして、

『乱世には臣たる者は必ず君の馬前に死ぬ覚悟がなくてはならぬ。が、それよりも大切なのは太平の世に死する覚悟である。凡そ太平の世には、君を諫めて死ぬる覚悟を持っていなければならぬ』

と、戒めた由である。以って道圓の覚悟の程がしのばれる。

（横山青娥）

■解説■

那波道圓（一五九五～一六四八）は、江戸前期の

朱子学派の儒者である。播磨国姫路の豪農の家に生まれ、初名は方、のち觚、字は道圓、号は活所と言った。初め熊本藩の俸録を受けたが、その後紀州藩主徳川頼宣に仕え、頼宣の思想的ブレーンとなった。京都に出て藤原惺高に師事した。林羅山、松永尺五、堀杏庵とともに「惺高門四天王」の一人と称された。活所の儒学思想は朱子学からしだいに陽明学に接近し、法と諫言を重視した。著書には『人君明暗図説』『活所備忘録』などがある。

後世の孫には、京都大学教授で東洋史学者の那波利貞がいる。

ところで、この話の要諦は、『諫言』である。戦国武将・武田信玄の一代記とも言うべき『甲陽軍鑑』の中に書かれている、信玄の言葉である。要約すると、『国持大将は人を使うときは、自分と同じ方向を向いている家臣や自分のことを崇敬し、しかも同じような行儀・作法をする者を自分のまわりに置きたくない』と言っている。今風な言い方をすれば、「イエスマンばかりでまわりを固めたくない」と言うところだろう。上に立つと、下からあまり苦言を言われたくないと考えがちで、どうしても、反対意見をいう者を遠ざけてしまいがちである。信玄は、寵臣に取り囲まれた大名が没落して行ったことをよく知っていたのだろう。諫言がいえる、すなわち、自分を諫めてくれる者こそ大事であると考えていたと思うのである。

一方、豊臣秀吉は、天下統一までは、黒田官兵衛、竹中半兵衛、羽柴秀長などの諫言を言ってくれる家臣が居て、自分に対しての諫めもよく聞いていたのであるが、半兵衛や秀長が死んで、居なくなり、また黒田官兵衛までも遠ざけてからは、誰のいうことも聞かなくなり、暴走をし始めた。

結果、豊臣家滅亡へと突き進むことになってしまった。

すぐに手帳を取出して▼▼▼

シカゴにマーシャルフィールドと云う百貨店がある。大きさに於いて世界一と云われる店である。その社長フィールド氏もお多分に洩れず百姓の子で、少年店員から叩き上げた人であった。

フィールドは物覚えのよい子であった。にも拘わらず、他人から聴いた話で、

『これは覚えて置かなければならぬことだ』

と思った事は必ずそれを手帳に書き止めておいた。

彼はいつも胸のポケットに手帳と鉛筆とを入れていた。店でお客様に応対しておる。その応対中に、お客様の言葉として参考にしなければならぬお言葉を承る。するとお客様を送りだすや否や、手帳を取出して、それを書き込んで置くのである。町を歩く、ウインドウなど見て、

『これは参考になる』

と思った事はすぐに書き込んで置くのである。

汽車に乗っても、他人の話で、

『これは良い話だ』

と思ったらすぐに書き込んで置く。

そんな風だから、フィールドはなかなか物識りになった。後相当な番頭さんになってからも、問屋などが来て、町の状態を知りたいと思うと一番にフィールドのところへ来て、教えを乞うという有様であった。フィールドは全くよく何もかも知っていた。お客様の事など、何から何まで知っていた。お客様は、

『あの男は実によく物を知っている。そして自分達の家庭の事もよく知っている。感心な男だ』

と云って贔屓にしてくれた。

よく物を知っているという事は人に信頼されると云うことである。そしてそれは学問ばかりがそうさせてくれるのではない。頭が良くても尚且つ常に手帳と鉛筆とをすぐに取出す、その習慣が物を知るようにさせてくれるのである。


（清水正巳）

■解説■

この話の主人公、マーシャル・フィールド（一八三四〜一九〇六）は、マサチューセッツの農家に生まれた。マサチューセッツにある雑貨屋で五年間勤めた後、十九歳でシカゴに移り、そこで、衣料品店の店員となる。そこで見事に出世して、

一八六五年三十一歳にしてついに自分の店を持つようになった。

ところが、その大事なお店も一八七一年のシカゴ大火災によって焼け落ちてしまった。このシカゴ大火災は本当にひどい火災で七・五平方キロメートルが焼け落ち、ビルの一万七千棟が焼失するという大規模で悲惨なもので、歴史に傷跡を残している。

その大火災の翌日、お店を持っていた商人たちは呆然と立ち尽し、昨日までそこにあったはずの自分のお店の焼け跡を眺めていたが、マーシャルを除いて全員がシカゴを離れることを決意した。だが、マーシャルはただ一人その自分の店の焼け跡を指さし、宣言したのである。

『諸君、たとえ何度焼け出されようとも、私はここに、世界で一番立派な店を建ててみせるぞ！』

このように宣言したマーシャルは数週間もたたないうちに仮設店舗を建て、火災から八年後の一八七九年、ついに新しい十二階建てのお店が建てられ、やがて、百貨店として世界一のお店となったのである。

マーシャルは、生涯資産としてアメリカ歴代十位となる四・一兆円を超える資産を持つまでに至った。彼は、シカゴ大学に土地を寄付したり、博物館に寄付したりして、その成功を多くの人の幸せのために使ったのである。

一寸した思いつきを見逃すな

アメリカの田舎の話である。

朝、子供が学校へ行くのに、自転車に乗ろうとしているのである。

その頃の自転車は鉄輪で、乗心地が悪く、ガタンゴトンと音がした。

その、今自転車に乗ろうとする子供を呼止めて、父親が云った。

『一寸待て、俺がよい事を考えた』

子供は何を考えたのかと思って父親を見守っていると、父親はゴムのホースを持って来て、それを自転車の車輪の廻りに巻き付けて、針金で外れぬように止めた。

『サア乗れ、これなら音はしない、乗り心地がよいぞ』

子供は喜んでそれに乗って行った。

それをジーッと見送っていた父親——

『これは面白い商品になるぞ』

と暫くジーッと考え込んでいた。

この父親こそ誰あろう。後年ダンロップ・タイヤ工場を経営し、自転車及び自動車のタイヤで世界にその名を売ったダンロップ氏その人である。

一寸した思いつきを、よく見つめ、よく考えて見る——そこに大きな成功が待ち構えているのである。

（清水正巳）

解説

この話の主人公、ジョン・ボイド・ダンロップは、スコットランド人獣医師である。息子のジョニーから「自転車をもっと楽に早く走れるようにするにはどうしたらいい?」と聞かれ、その時はただ「練習しなさい」とだけ答えた。しかし、ジョニーが自転車のタイヤを壊してしまった時に、あるヒントが頭に浮かんだ。それは、タイヤの構造が動物のお腹と似ているということであった。そこで、獣医としての知識を総動員し、ゴムのチューブとゴムを塗ったキャンバスで空気入りのタイヤを作り、木の円盤の周りに鋲で固定した。これが世界初となる空気入りタイヤの発明であった。同年に特許を取得し、会社を設立した。

創業した一八八九年には既に現代とほぼ同じ構造の自転車用クリンチャータイヤを完成させたが、その後は自動車用タイヤにシフトしていくのである。一九〇五年、自動車用タイヤのトレッドに横溝を付けた製品を発表した。

日本での展開も早く、一九〇九年には神戸市に工場を設立、これが日本における最初のタイヤ工場となった。馬車・人力車のタイヤに始まり、一九一三年には日本初となる自動車用タイヤを製造した。なお、神戸市の工場は阪神・淡路大震災によって甚大な被害を受けたため閉鎖され、国内生産の中心は福島県白河市などに移っている。

ところで、この「一寸した思いつきを見逃すな」の話にぴったり合うような出来事が日本にもあった。それをご披露しょうと思う。

昭和初期のことだと思っていただきたい。西日本のある県での話。ある年の秋、一人の男性が所用があって、田舎道に自転車を走らせていた。不意にハンドルをとられて、勢いよく自転車もろとも転倒してしまった。起きようとして、ふと見ると、自転車の前輪がまだ回っている。そこへ田んぼの稲穂が垂れて、その前輪のスポークが当り、モミ粒がはじかれ飛ばされていた。男性はこれを見てハッと気づいた。

『これはいけるぞ！稲こき機が出来るかも知れない』と。

それまでの農家は稲からモミをはがすには、金の櫛のような器具を使って行っていたが、効率が悪く、あまり仕事が捗らなかった。

そこで、この男性が思いついたのが、回転する足踏み式脱穀機であった。この機械の発明によって、農作業が飛躍的に楽になったのである。男性はこの好機を逃さず農器具工場を立ち上げ、その後、大手の農器具会社となったのである。

これこそ、「転んでも、タダでは起きぬ」を地で行くような話である。

長生の秘訣

志賀瑞翁《しがずいおう》は百歳まで長命し、しかも壮者をしのぐ健康ぶりであったので、周囲の人々は大いに羨ましがり、長生の秘訣を教えてもらいたいと懇願するが、瑞翁は、ニコニコ笑いながら、

『さあ、秘訣があるにはあるがのう――』

と云って、なかなか伝授してくれない。ある人が、特に熱心に再三たのむと、

『それでは伝授いたす故、七日間精進してござれ』

との事である。長生の秘訣を授かるためには、七日間の精進位はなんでもないので、その通りにして八日目に訪ねて行くと、

『そうじゃなあ、もう三日間精進してござれ』

これも止むを得ず、また三日間して訪問すると、悠然たる瑞翁は、

『あと一日の精進じゃ』

今度こそ教えてくれるかと思いの外、また日延べとは馬鹿にしていると腹が立ったけれども、乗りかかった舟でやむを得ない。また一日精進し、今日教えなかったら承知せぬぞとばかり、勢い込んで訪問した。すると、

『さあさ、どうぞ此方へ――』

通されたのは奥の一室、いよいよ秘法伝授と胸をときめかしていると、瑞翁は、耳に口をよせ、低い声で、

『あのなあ、気を永ごうもちなされ――』

たった一言、これで長生の秘訣伝授はおしまいである。相手の人は、呆然としてしまった。だが、この一語の妙味を深く味わうに至り、横手を拍って敬服したのであった。

（大坪草二郎）

解説

心と身体が非常に関わり合っている一つのエピソードの中にこんな話がある。「江戸時代のある年、江戸で老人七人の集会があったと云われ、その中に百六十七歳（ほんとうかどうかは分らない）の志賀瑞翁という人がいた」という。

ところで、長生きする人は、身体も丈夫にできていると思われるが、心でどのような思いで生きているかが大きく影響してくるようである。この場合は、「気を長く持つ」ということであった。

心と身体の関係は結構密接につながっていて、短気で怒りっぽい性格の人は案外短命かも知れない。

社員の千里眼

太田黒重五郎は、芝浦製作所をして今日あらしめた創業の恩人である。この太田黒が、まだ三井物産の一課長であった頃、社用で関西方面に出張した。まず大阪に着いて三日目、支店にいってみると、本店から一通の手紙がきている。それは部下の事務員武村貞一郎が出したもので、その日の

出来事や重要な事務の打合せが、詳細に、キチンと書いてある。

(なるほど、さすがに武村は気が利いているわい)

有望な青年として日頃目をかけている武村のやり方に、太田黒は、思わず会心の笑みを洩らしたのであった。

武村からの通信は、一日も欠かさず来る。大阪をたって神戸にいってみると、ここにもチャンと来ている。下関に行っても、門司に行っても、引き返して京都に来ても、影の形に添う如く、その日その日の報告が来る。三日も五日も滞在する土地ならばともかく、一日で引上げる土地にさえ、その日にチャンと手紙が着くのだ。それによって太田黒は、安心して旅行が出来る一方、なんだか薄気味わるくなって来た。

(武村は、どうしてわしの行先と日取りを、こうも確実に知っているのだろう?)

密偵にでもつけられているような、不気味な感じさえするのであった。

帰京すると、太田黒は、さっそく武村にその事をたずねてみた。

『なあに、なんでもありません』

と武村は、ニコニコ笑っている。

『しかし、どう考えても不思議だよ。行先々に、一日も狂わずピタリと着くんだからね。まるで千里眼だよ』

『なんでもないのです。実は課長さんのご予定が、三日とは狂わないものと見当をつけました。そこで、同じ通信を三通複写して、ここぞと思う三か所に、いつも発送していただけに過ぎません』

太田黒は、アッと感嘆の声をあげ、武村青年の顔をまじまじと見つめた。

間もなく武村貞一郎の名は、太田黒の吹聴によって重役間にも知られ、一事務員から一躍神戸支店長に抜擢された。ここでも非常な好成績をあげ、三井王国の重鎮益田孝に深く信頼されて、遂に重役となるに至ったのである。(大坪草二郎)

■解説■

太田黒重五郎（一八六六～一九四四）は、明治二十四年熊本の旧家太田黒惟信の婿養子となり、明治二十七年三井元方に入社し、三井物産に配属された。明治三十二年芝浦製作所主事となり、万年赤字を解消、翌年下期から黒字に転じ、電気機械専門工場に育成した。三十七年専務取締役となり米国GE社と結んで業界トップメーカーとした。また水車専門の電業社原動機械制作所を育成した。三十九年箱根水力電気を設立、大井川開発の日英水力電気、九州水力電気、鬼怒川水力電気、四国水力電気などの各社設立に参画。大正九年に三井を辞め、昭和五年九州電気軌道社長となり整理再建に成功した。同十年に引退した。

この話に出てくる武村貞一郎という社員も相当気の利く青年であったため太田黒に認められたのであろう。

このように出世する社員と言うのはたいがい気が利くものである。こんな話を聞いたことがある。ある大手の会社の会長が、まだアメリカのシカゴ支店長だったころ、東京からその会社の属するグループの会長がやって来た。その人は年寄なので「アメリカは食うものが口に合わない」とこぼし、「饅頭が食べたい」と言いだした。

昔の話だから、アメリカに饅頭がある筈がない。「さて、どうするか思案を巡らせた支店長は、中華料理店に行けば、シナ饅頭があるかも知れない」と思って早速中華料理店に行ったところ、あんこの入った饅頭があったので買って来て会長に勧めたところ、「これは美味い」と言って喜んで食べたと云う。

この一件がきっかけとなり、支店長は抜擢されて、現在の地位を築いたということである。

禍に負けるな ▼▼▼

スノーデンは、いつもの通り自転車に乗って受持区域の税金を取り立てに出かけた。プリマスの町は町幅が狭く凹凸のひどい道なので、ともすると自転車が石垣にぶつかりそうだった。

そのうち彼は突如横道から飛び出した犬を避けようとしてハンドルを曲げた拍子に車輪を小石に乗り上げたのが悪かったのか、彼は自転車諸共その場に倒れた。

その時腰をひどく打ったけれど、元来病気したことのないほど健康だった彼は、この打撲傷には全く無頓着で、次の瞬時、着物の泥を払い落して再び自転車に乗って駆け出した。

ところが一週間ばかりして、急に発熱して、とうとう床に就いたが、それっきり両足が利かなくなってしまった。それでも彼は、初めのうちほんの風邪くらいに軽く思って、二三日すれば全快の上、再び出勤できるだろうと楽しんでいた。然し、病気は捗々しく治らず、そのうちにとうとう、一生涯障害者として過ごさなければならないとの宣告を受けた。

怪我した時に直ちに適当な手当てを加えたならば、こんな目に遇わなかっただろうと思ったけれども、今となってはもう始まらない。

両足がもとの通り完全に治らないということが判っても、不思議に彼は失望落胆しなかった。

『自己の境遇を改善せよ。然しその境遇が変るに忍びないほど強いものならば、諦めてその境遇に甘んぜよ。そしてその運命に従った己の行動をあらためよ』

彼は、官吏で一生暮らしたかったが、足が利かなくなっては、満足に奉公することが不可能だ。かれは何か他に生涯の事業を求めなければならなかったが、小さい時分から政治に興味を感じていたので、そうした関心を生かすことが彼に残された唯一の道であった。

彼はまず弁護士の資格を得る考えで、大学の法律試験を受ける準備に没頭し、一心不乱に勉強した甲斐あって、見事試験にパスして、法律家となり、これを新生活への第一歩としていよいよ政界入りをなし、後日英国最初の労働党内閣の蔵相として欧州政界に大いなる功績をたてた。

スノーデンは常に、次の人生訓を我々に与える。

『不抜の意志により、禍を転じて福にすることが出来る。人生の直面する困難は克服されんがためわれらに与えられるものである。どうすることも出来ない事にくよくよするな。信念を持って境遇を打開すべきである。

（大江専一）

解説

スノーデン（一八六四〜一九三七）は、イギリスで織工の子として生まれる。フェビアン協会、独立労働党で活躍、社会主義者としての名をあげた。一九〇六年に労働党下院議員となり、第一次世界大戦中は戦争反対の立場を貫いた。一九二四年の第一次労働党内閣、一九二九年からの第二次労働党内閣でともに蔵相を務めたが、あくまでも均衡予算に固執する伝統的な財政観をもって、世界恐慌下の経済苦境に対処しようとして、失業手当の削減案を出し、与党の労働党からの強い反発を招いた。労働党から排除されながらも、一九三一年に成立した「挙国」内閣の蔵相としてとどまったが、一九三二年九月、自由貿易原則の放棄に抗議して辞職した。

ここに「禍に負けず」にその苦難を見事に克服した、「大石順教尼」という人がいる。

明治二十一年春、大坂道頓堀「二葉ずし」の長女として生まれる。三歳の時より日本舞踊を習い、十二歳にして名取りとなり、山村流の踊りの師匠となる。堀江山梅桜の養女「妻吉」となって将来を嘱望された。ところが、十七歳の春、養父中川万次郎が狂って日本刀を振り回し、居合わせた六人が刃に倒れ、うち五人が即死、妻吉は死をまぬがれたが、両手を切り落とされたという受難にあわれた。これが明治犯罪史上有名な「堀江六人切り事件」なのである。

二年間の病院生活の中で、逆境の人生から立ち上がる力を宿していった。やがて退院して来た妻吉は、三遊亭金馬一座に入り、旅芸人をして一家の生計を支えていくのである。

巡業先の仙台に泊ったある朝、ふと軒先に架けられた籠の中のカナリアが目に入った。口から口へエサを運んで、ひなを育てる親鳥の姿をみつめていた妻吉の心に、一瞬光がはしった。『私にも口があるのだ！　手のない私にも筆を口にくわえれば、ものを書くことができるのだ！』とこみあげてくる感動を覚えた。

口で書かれた「般若心経」が昭和三十年、日展に入選、また、昭和三十七年には日本で初の世界身体障害者芸術協会の会員に選ばれるなど、「日本のヘレンケラー」として限りない偉業をのこされたのである。

順教尼は、昭和四十三年四月二十一日八十一歳でこの世を去られたが、いつも口ぐせのようにいわれていたことがあった。

①死ぬまで人の役に立ちたい。
②長病みをせず、お世話にならずにこの世を去りたい。
③お大師さんの亡くなられた日に死にたい。

生きた教訓 ▼▼▼

中学生のうちから煙草を喫むという宜しからざる者がある。一人前の大人気取りで煙草を吹かしたがるのだが、一度、喫み出すと癖になって治らない。

坪内逍遥博士が早稲田中学の校長時代、こっそり煙草を喫む生徒があって教員室の問題になった。そんな生徒に限って、修身の時間には何か遊びのことを考えている連中だから、折角の坪内先生の名訓話も耳に入らない。そこで喫煙常習犯のある生徒を呼び出して説諭すると、『もう止めます』とは誓うのだが、それは一時のことでまた喫み出すのである。

その上、『煙草を止めろというけれど、第一先生達だって止められるものか』などと蔭で放言するという噂が坪内校長の耳に聞こえた。

ちょうど、坪内先生自身が禁煙の模範を身を以って示すことにしようと考えていた時なので、断然、煙草をやめる決意を立てた。

長い間、愛煙家であったので、いざ実行してみると仲々苦しかった。食欲が減るぐらいはよいとして頭脳がぼんやりしたり、更に不眠症を惹き起こして著述の執筆も遅々として進まない。『健康を害してまで無理をなさるには及ばないでしょう』と心配する者があると、坪内先生は、『いやいや、他人にばかり厳格で、自分に寛大では生きた教育になりません』と益々決心を強くして、遂に禁煙断行の実をみせた。

この時の無理な禁煙が影響して、坪内先生は晩年まで不眠症に悩まされたのであるが、その苦痛を忍んで自ら模範を示したところに、厳格な教育家としての坪内先生の面目がある。（西村鎮彦）

■解説■

坪内逍遥（一八五九〜一九三五）は、明治・大正時代の小説家・評論家・劇作家である。岐阜県の人で、本名を雄蔵という。小さい時から江戸時代の小説、とくに馬琴を愛読し、また芝居見物にも熱心であった。開成学校（のちの東京大学）を卒業後、一八八三年（明治十六年）東京専門学校（のちの早稲田大学）教授となり、早稲田の文学を指導した。一八八五年（明治十八年）「小説神髄」を発表して小説は写実を主にして人情をえがくのが目的であると唱え、同年その理論にしたがって「当世書生気質」を発表して、近代日本文学のさきがけとなった。また国劇の近代化を唱えて、一八九四年（明治二十七年）史劇「桐一葉」などを発表、一九〇六年（明治三十九年）文芸協会を設立、一九〇九年（明治四十三年）付属演劇研究所をつくって新劇運動をおし進めた。またシェークスピア、イプセンなどを紹介、一九二八年（昭和三年）日本ではじめてシェークスピア全集四〇巻を個人で完訳した。

ところで、坪内逍遥は、無理な禁煙で健康をそこね不眠症に悩まされたとのことであるが、私も昭和五十五年までの約二十五年間、好煙家として一日に三十本ほどの煙草を吸っておりました。二十年ほど経過した時に一度やめようと決心して禁煙しましたが、三ヶ月もちませんでした。特に食後やお酒のあとなどは無性に吸いたくなるのです。結局禁煙を諦めて再び吸い始めると、前より沢山吸うようになったのです。その後二年が経過した頃、正月に元旦から風邪をひき、口が苦くて、

「煙草とはこんなに不味いものだったのか」と思い、二、三日はやめていました。「これは禁煙の好機かもしれない」と思い、きっぱりとやめたのです。やめると決心して、暫くの間は食後など吸いたいという気持ちが脳裏をかすめましたが、いっとき辛抱していると、吸いたい気持ちがなくなります。そんな状況が約半年続きましたが、それを克服することができ、今日に至っています。

一青年の話

米国片田舎の一青年エドゥイン・シー・バーンスはふとしたことから、自分は大発明王のエジソン翁の発明品を販売するビジネス・パートナーになりたいという志望を抱いた。

思えばこれほど無謀な志望はない。彼は貧しき無教育の一青年農夫である。彼はもとよりエジソンを知らない。また彼をエジソンに紹介してくれる人もない。そのうえ極貧でエジソンの研究室のあるミシガン州ニュー・オレンヂに行くべき旅費もない。しかし彼は断じて初志を翻さない。とうとう自ら荷物となって貨車に飛び乗りをするだけの運賃を稼ぎ出した、一日漂然として大エジソンの前に立った。

面会を得るなり直ちに自分はどんな苦労をしても翁の発明品の販売者となる決心を以ってやって来た旨を告げた。後日当時の事をエジソン自身が次のように書いている。

『あの時バーンスは普通の旅乞食のような姿で余の前に現れた。しかし彼の面魂には幾ら断っても承知しそうもない強い決心が現れていた。そしてあのような決心を持っている者は必ず遂には成功する者だという事を余は知っていた。それで余は彼にチャンスを与えて見ることにした。余は今日この決心を悔いてはいない』

バーンスは研究所における最下級の小使のような仕事を与えられた。そして二、三年は空しく過ぎた。しかし歳月のたつと共に彼がエジソンの協同者となるという志望は益々強くなっていった。彼は心にそう決めていたからである。

ある時エジソンは今日エジフォーンと呼ばれているある新発明品を出した。初めは不格好なもので原価が高過ぎたので、エジソンの販売部員は到底商品価値がないものとして誰一人顧みなかった。

これを見たバーンスは好機至れりとして直ちにエジソンに面会し、やり方によっては必ず大いに売れると信ずる理由を述べた。エジソンは折角の発明品が販売部で否決されたので大いに失望していた際であったので、バーンスのこの進言を非常に喜んで受け入れた。直ちにある一州内の販売権を彼に与えた。バーンスの懸命の努力により果たしてこの機械は素晴しい販売成績をあげた。やがて米国内の販売権を彼に与えた。今日『エジソン発明バーンス販売』として広く世界中に売れ渡っているエジフォーンは即ちこれである。

その後バーンスの販売能力はますます認められ、やがて他の多くの発明品をも一手に引受けるようになり、立派にエジソンの商売協同者として、自ら数百万の富を興し、一代の成功者のうちに数えられるに至った。

（加藤直士）

解説

「肝胆相照らす」という言葉がある。エジソンが発明して、販売部員から人気の悪かった製品がどのような物であったのか、また、バーンスが販売を引き受けて販売成績を挙げた方法は、どのようであったのか。具体的な内容が述べられていないのでよく分らないが、エジソンとバーンスの間に、お互いの理解と信頼があればこそ良い結果となって現れたと思う。

この話の主人公はエジソンではなくバーンスである。バーンスの洞察力と行動力は、大いに評価できると思うのである。

執筆者の加藤直士（一八七三〜一九五二）は、日本の宗教哲学者、ジャーナリスト、実業家である。山形県出身で、一八九一年新潟の北越学館を卒業した。学生時代に受洗し、卒業後は輸出絹物商をするが、失敗した。一九〇三年から伝道師をしつつ「新人」を編集し、宗教哲学者として、レフ・トルストイの「我懺悔」などの訳書を刊行。一九〇七年「基督教世界」の主筆となり、一九一四年滞英中に大阪毎日新聞ロンドン特派員となり、のち英文毎日の主筆を努めた。一九二七年実業界に入り、日本ゼネラル・モータース外務理事などを歴任した。

保証人の渡邊大将

二・二六事件の犠牲になった渡邊錠太郎大将は、同郷同村同字の人で、最も親しい一人の青年の学校の保証人になった。その青年は苦学していたので、月謝も滞りがちになっていた。それで保証人の所へ学校から督促が行った。そんな事情を知らない青年は、後で学校へ月謝を持って行くと、もうちゃんと保証人が来て納めたと云う話である。青年は、早速、当時の渡邊大尉の所へその金を持って謝りに行った。

すると渡邊大尉は、

『君が月謝を納めてないという通知が来たから納めておいただけのことである。保証人というものは、本人が月謝を納めることが出来ないような時に、代って納めるのが役目だ。それが嫌なら自分は保証人はやらない。保証人を引受けた以上は、保証人の任務は尽さして貰いたい。わしは当然の任務をやったのだから、君にお礼を言われることはないよ』

と云って、少ない金額ではあるけれども、青年が返そうと思って差出した金をどうしても受取らなかった。青年はその時の大将の言葉が今以て頭に残って忘れることが出来ない。やはり渡邊大将は若い時から人物が出来ておった。（加藤鯛一）

解説

渡邊錠太郎（一八七四〜一九三六）は、明治七年四月一六日、愛知県で生まれた。家庭が貧しかったために、小学校を中退している。その後、看護卒を志願して陸軍に入営（当時は、陸軍上等看護長になると医師開業免状を与えられたので、医師を目指して入営している）。中隊長から優秀であることを評価され、陸軍士官学校の受験を勧められ、師団内一位の成績で合格した。その後陸軍大学校に入校し明治三十六年首席で卒業した。明治三十七年大尉で日露戦争に従軍し、戦傷を負う。その後、大本営参謀、山県有朋元帥付副官、ドイツ大使館付武官補佐官、オランダ公使館付武官、歩兵第二十九旅団長などを歴任した。昭和元年中将として陸軍大学校校長に転じ、航空本部長、台湾軍司令官を経て、昭和六年大将、航空本部長兼軍事参議官となる。昭和十年林銑十郎陸相が皇道派の真崎甚三郎教育総監を罷免し、その後任となったことから統制派系とみなされ、皇道派青年将校らの反感を買った。翌年昭和十一年二月二十六日早朝、私邸において青年将校ら反乱軍により射殺された。「二・二六事件」である。

執筆者の加藤鯛一（一八八八〜一九四三）は、愛知県丹羽郡岩倉町（現岩倉市）出身である。

主な経歴は、雑誌「実業帝国」を創刊し、社長兼主筆となる。また東京政治通信社社長も務めた。他に社団法人大日本国防義会の創設にも加わり、評議員となった。大正十三年（一九二四）、第十五回衆議院議員総選挙に出馬し、当選。以後、七回の当選回数を重ねた。その間、阿部内閣で内務政務次官を務めた。

昭和十八年（一九四三年）十月五日、乗船していた関釜連絡船崑崙丸がアメリカ海軍潜水艦の魚雷攻撃を受けて沈没し、犠牲となった。

几帳面な宰相

斎藤實《まこと》さんという人は大宰相にもなった人ですけれども、ご自分で切り詰めたことをしておられた。

『大行《だいこう》は細僅《さいきん》を顧みず』という言葉があるが、その反対で、我々の及ばない細かなことまで意を用いる方でした。

その例を一つ言うと、丁度二・二六事件の後にその前の日まで居られた書斉がありましたが、その書斉には机があって、それには抽斗が右と左に幾つもある。第一の抽斗には手紙の封筒、その下には自分で返事を出されるときの用意として、いろいろな種類の切手が入れてある。その下には鋏とか、包装紙とか、そうゆうような物がある。その下には不用になった屑のような物だけを入れてある。それからこちらの方の抽斗には、小包に出す場合のものとか、先方から来た小包の上書、袋、などを小さく切って残してある。その下には先方から来たとき解いた布切、麻縄、そういう物が入れてある。その次には自分で出す時の紐が入れてある。そういうことで紙を一切でも無駄にされない。宛名まで書いてお出しになるのです。

その外何か捨てる紙でも、その中に空紙か何かあったりすると、それを必ず取って置いて、メモのように書き覚えを書いたりするものに使うという風に、整然としておられた。一物でも捨てないという風に細かくやっておられた。

岩手県水澤に斎藤文庫というのがある。以前お住まいになっていた所ですが、そこには一年に一度か二度は必ず行かれた。

そのお部屋へも行ってみると、訪問して来た人の名刺、それも何十枚、何百枚とある名刺ですが、それをこちらから挨拶に行くべき人のもの、挨拶に行かなくてもよい人のものという風に、名刺をチャンと分けてある。それで一年に一度か二度は行かれるのですが、また来年来た時に用意のために、チャンと総ての事を整理して置かれる。

ああいうように大宰相までした方が自分で上書を書いたり、自分で包装をしたりしようとは、何人も夢にも思わない。

普通の偉人傑士には我々のちょっと飛び付けない、学べないようなことが沢山ありますが、こういうことは何人も心がけ次第によって学び得ることだと思うのです。人任せ、部下任せでは手落ちができる。その手落ちのないようにするために、全部自分でされたものと思います。青少年の大いに学んでほしいことと思う。

（斎藤斐章）

■解説■

斎藤　實（一八五八〜一九三六）は、安政五年十月二十七日睦奥国（岩手県）水沢藩士斎藤耕平の長

男として生まれる。明治十二年（一八七九）海軍兵学校卒業。明治十七年（一八八四）アメリカ留学、アメリカ公使館付武官に任ぜられた。明治十九年（一八八六）～明治二十一年（一八八八）西郷従道海相に随行してヨーロッパに渡った。明治三十一年（一八九八）～明治三十三年（一九〇〇）海軍次官。のち一時官名変更により海軍総務長官となり、明治三十九年（一九〇六）から八年間、海相。明治四十五年（一九一二）大将に昇進。大正三年（一九一五）三・一独立運動鎮静化後、朝鮮総督となり、文治政策をとった。昭和二年（一九二七）ジュネーブ会議全権委員をつとめ、帰国して朝鮮総督を辞任し、枢密顧問官。子爵に任ぜられる。昭和四年（一九二九）再び朝鮮総督に任ぜられたが、二年後に辞任。昭和七年五・一五事件で瓦解した犬養内閣の後を継いで、「挙国一致内閣」を組織した。斎藤内閣は中間内閣といわれたが、「満州国」を承認し国際連盟から脱退することによって、かえって日本の国際的孤立化を進めてしまった。昭和九年（一九三四）七月帝人事件で総辞職、昭和十年（一九三五）十二月内大臣に就任した。

昭和十一年（一九三六）二月、青年将校たちの反乱軍による、「二・二六事件」により暗殺された。七十九歳であった。

ここで「二・二六事件」の概要について触れておきたい。

昭和十一年（一九三六）は私の生まれた年でもあるので、感慨深いものがある。この年の二月二十六日早朝に起きた陸軍皇道派青年将校によるクーデター未遂事件である。歩兵第一、第三連隊、近衛歩兵第三連隊など千四百人余りの部隊が首相官邸や警視庁などを襲撃し、高橋是清蔵相、斎藤實内大臣、渡邊錠太郎陸軍教育総監らを殺害した。政府中枢部を占拠した青年将校は陸軍幹部らに国家改造の断行などを迫ったが、昭和天皇は重臣の殺害に激怒され、反乱部隊に撤収が命じられ、下士官や兵士らは直ちに帰順し、二十九日には青年将校らも逮捕された。軍部は事件の威圧効果を利用して、政治的発言力を強め、戦争体制へ突き進んだと云われている。

なお、この時、侍従長の鈴木貫太郎は重傷を負ったが、一命をとりとめた。その後、昭和二十年(一九四五)太平洋戦争中の最後の首相として終戦内閣を組織して、力を尽し、終戦後に首相の職を退いた。

大隈候の人心収攬術

私は大隈重信候には心から敬意を払っておった。ある時、岐阜の県会議員を三人連れて行って、これが武藤、これが坂口、これが渡邊ですと言って紹介した。

その後、一年ばかりすると大隈さんが大阪からの帰りに岐阜駅に下車された。長良川の鵜飼を見るために、ほんの二、三時間寄られたというので、私等もお迎えしたが、汽車から降りるといきなり、『おう、武藤も坂口も渡邊も来ていたか』

と声をかけられた。一年前にたった十分か十五分面会した地方の県会議員の名を、突然呼上げられたその記憶力に並み居る人びとは皆驚嘆し三人は面目を施しました。

したがって三人は非常に感激し、恐縮して、すっかり大隈さんに心酔し、それからというもの岐阜県はほとんど全部大隈党になってしまった。大隈さんの記憶力も素晴らしいものだが、これが大隈さんの人心を収攬するあの大きな力となったのである。

(岡崎久次郎)

解説

大隈重信(一八三八~一九二二)は、明治・大正時代の政治家で、鍋島藩(佐賀県)に仕える大隈信保の子として生まれ、二十歳のとき鍋島藩の役人として長崎におもむき、仕事にはげみながらも、けんめいに英語の勉強をした。明治新政府に重く用いられ、大蔵大輔(いまの財務次官にあたる)と民部大輔になって、鉄道や電信をつくることに努力した。役人をやめて明治十五年(一八八二)に東京専門学校(いまの早稲田大学)をつくった。青年ずきな重信はいつも『学生はみな自分の子どもだ』と言っていた。明治二十一年(一八八二)には外務大臣となり、あくる年、馬に乗っているところを爆弾を投げられ右足を失った。明治三十一年(一八九八)には憲政党を結成して、日本最初の政党内閣を組織し、首相になった。

執筆者の岡崎久次郎(一八七四～一九四二)は、神奈川県出身で、一八九五年、東京高等商業学校(現一橋大学)を卒業し、三井物産に入り、その後退職して大日本自転車、日米商店(のち日米富士自転車)を創設する。相模鉄道初代社長でもある。一九一二年の第十一回衆議院議員総選挙に岐阜県から無所属で立候補して当選する。以来、立憲同志会、立憲民政党などから立候補して通算六期を勤め、一九四二年に六十八歳で死去した。

度量

一代の大政治家と謳われた加藤高明伯は、寡黙力行の人であった。

加藤さんが、大学を卒業して三菱郵船(今の日本郵船)へ入社することになった。その時、保証人がいるので、郷党の先輩某氏の所へ頼みに行った。この先輩は既にある役所の課長をしておったのであるが、加藤高明という男をよく知らないからというので保証人を断ってしまった。

加藤さんは止むを得ず他の人を頼んで入社をした。その後何年か経って、その某氏は、官界から実業界に転向すべく、三菱郵船に入る交渉を着々と進めていたが、ふと気がついた。それは昔、自分に保証人を断られた加藤高明という人が、もうその時岩崎家の女婿となって相当な地位を占めているということである。折角まとまりかかったこの話を内部から岩崎のお婿さんに反対されては、自分の面目が台無しだと、某氏は逡巡してなかなか話が進まなくなってしまった。

これを伝え聞いた加藤さんは、それは気の毒だといって、わざわざ自分から、某氏を訪ねて、『私はあの時に貴方から保証人を断られたが、そんなことは今何とも思っていない、今度は進んで私が保証人になるから、是非入社して戴きたい』といって、その話を纏め上げた。某氏も、その温情に感激して死ぬまで郵船のために奮闘して、相当な地位に上ったという。何でもないことのようであるが、如何にも加藤さんの偉さがよく現れているではないか。

（加藤鯛一）

■解説■

加藤高明（一八六〇〜一九二六）は、安政七年一月三日名古屋藩下級武士服部重文の次男として生まれる。秀才であった彼は、東大卒業後三菱に入り、岩崎弥太郎の娘と結婚。一八九四年〜一八九九年駐英公使として日英同盟を主張した。第四次伊藤、第一次西園寺、第三次桂の各内閣の外相を務め、大正政変後立憲同志会総裁となる。一九一五年には大隈重信内閣の外相として対華二十一ヵ条要求を提出。一九一六年憲政会総裁となり、一九二四年護憲三派内閣を組織し、憲政擁護運動の要求をある程度実現した。大正十五年一月二十八日死去。六十七歳であった。

葉巻三本の値

アメリカの有名な製鉄会社の社長チャールス・シュワップは、人を使うことが上手なので知られていた。ある時、工場監視員の一人が、あわただしく社長室に入って来て、

『どうも工場内にストライキが起るらしい様子がみえます。現に、今も、第三工場の裏梯子のところで三人の職工が煙草をのみながら、何かしきりに密談しておりました。一体、あそこは禁煙の場所なのですが……』

『よしよし、わかった、それじゃ、私が行ってみよう』

と、シュワップはその裏梯子のところまで来ると、なるほど、監視員のいうとおりであった。シュワップは、つかつかと三人の傍に近づいて、

『おう、君たちも煙草やすみかね、どうも煙草好きのものには、この煙草休み時間が何より楽しみ

でね、僕も一つ仲間に入れて貰おう、これはちょっとのめる葉巻だ、さあ、一本づつ取りたまえ』と、驚いている職工たちに一本づつの葉巻を与えてから、急に気がついたように、

『おや、ここには禁煙の札が出ているね、あちらへ行って一服やろうじゃないか』

喫煙所へ三人を連れて行った社長は、打ちとけた調子で、葉巻を燻らしながら、彼らの家庭の様子を訪ねたり、会社の営業の状態を打明けて話してやったりした。

ストライキは、そのまま立消えになったばかりでなく、禁煙の場所で煙草をのむ者も、それからはなくなった。

（高信峡水）

解説

アメリカに、ベツレヘム・スチールという鉄鋼会社がある。社長はチャールズ・シュアップという かなりやり手の経営者である。

研究熱心な彼は、どうしたらもっと生産性を上げることができるかを、日々考えていた。『そうだ！　アイビー・リーがいる！』彼の友人で、時間管理の専門家である。依頼するとすぐに返事が来た。ポストイットに四行の文章が書かれている。

①明日やることを六つ書き出せ
②それに優先順位をつけろ
③その紙を持って出社しろ
④一番から順に実行しろ

たったこれだけである。が、請求書を見ると、何と二万五千ドルだった。たった四行なのにである。

チャールズ・シュワップは、ただ者ではない。すぐに実行したのである。

彼の会社は、生産性が大幅にアップしたのである。アイビー・リーに支払った金額の何倍もの価値を生みだしたのである。

森村翁の成功の秘訣

銀行業に貿易業に一世に名を成した財界の巨人森村市左衛門翁は、十六歳の時分には毎夜銀座街頭に立ち、頬かぶりをして、薩摩蝋燭を手に夜店を張り、昼は土方人足をして一日五百文の賃銭を得、安政大地震後の両親兄弟八人の家計を助けて奮闘されたというほど恵まれなかった境遇であったのである。その森村翁が、成功の秘訣として後年自ら青年たちに左のように述べておられる。

『人の道を踏んでいる者は必ず成功する。これが私の信念である。私は十三歳の小僧時代にあるお宮に休んだ際、神主が祝詞をあげるのを聞いた、その終りの言葉は「人は万物の霊、思うこと成功せざるなし」と云うのであった。この最後の一言が深く私の心を刺激し、この時から私は「我は貧乏の子だが、六根を清浄にして正しき道を踏み行けば、思うこと成功せずと云うことなし」と確信した。そしてその時から七十三歳の今日に至るまで、唯この一つの確信を力として私は奮闘して来たのである。そのお陰で智恵も何も持たぬ私でも少しは思うことの出来る自分になれた。

私は若い時には終日働いた上に夜業もした、今は夜業はせぬが昼間は決して遊んでは過ごさない。あの確信を力として正直と熱心を以て仕事に当たって来たお陰で、何の才能もない私でさえも相応の仕事が出来たことを思えば、人の道を踏んで事に当たりさえすれば、どんな人でも必ず成功するに相違ない』

（井上良民）

■解説■

森村市左衛門（一八三九〜一九一九）は、天保十年十月二十八日、代々土佐藩の用達商を努めた江戸京橋の武具商の家に嫡男として生まれ、母の死後十三歳で奉公に出た。安政二年（一八五五）の震災で丸裸となり大道商人になったが、のち若干の資金を得て御用商人となり、戊辰戦争に際しては板垣退助の命で土佐藩の武器、糧食の調達に従事した。また貿易に強い関心をもち、横浜で外国商館を相手に生糸の取引などで多大の利益を得た。一八七五年弟豊の渡米に際して森村組を創立して、アメリカに渡った弟に日本品を送り商売に成功した。一八八二年日本銀行設立とともに監事に就任。一九〇四年には森村同族会社を設立した。また教育事業にも熱心で、女学校を設立し、北里研究所創立にも協力した。そのほか早稲田大学、慶応義塾大学や修養園などにも私財を寄付するなど、社会奉仕活動も盛んに行った。晩年は一切の事業から退き、敬虔なクリスチャンとして過ごした。

この足を見よ▼▼▼

『これほどまで、自分は熱心に伝道に努めているのに、なぜ信者ができないのであろう。自分の信仰と努力が、まだ、神の御心に添わないのであろうか』

英国政府の司法官たる地位と、二千ポンドの年俸とを惜しげもなく振り棄てて信仰の道に入ったタッカーは、救世軍の一士官としてインドのボンベイの町で布教に従事していたが、彼の必死の努力にも拘わらず、信者は一人もできなかった。タッカーは考えた。

『自分は英国人として知らず識らずのうちにインド人に対して優越感を持ち、彼らを一段低い人種として見下していた。そうだ、これがいけないのだ』

そして、彼は一大決心をしたのである。彼は今までの服をインド服に代へ、インド式のあばら屋に住み、また、インド人の僧侶がするように、焼けつく大地を跣足《はだし》のままで歩き、土人からカレー入りの残飯の施しを受ければ、それを彼等と同じように手づかみで美味そうに食った。上流の家庭で育ったタッカーの華奢な足は、忽ち皮が破れ、肉の裂目に砂がはいり込んだ。

ある日、連日の疲れで路傍の木陰に倒れてうつらうつら眠っていると、丁度そこへ通りかかったのが三人の身分高いインド人である。インド服を着た白人！　それは一目で、近頃彼等の間に噂の高いタッカーであることが判った。三人の眼は等しくタッカーの痛々しく傷ついた足の裏に注がれた。

『おお、この足を見るがいい。これほどまでにしてインド人を導こうとするこの人の宗教は、たしかに真実の宗教に違いない。この人を、われわれの町へ伴って帰って、教を受けようではないか』

三人の間には、即座にその議がまとまった。彼等はタッカーが眼を覚ますのを待って、その足元にひざまづき、そして自分たちの町へ連れて帰って、その教を受けた。

これが動機となって、三箇年後には信者の数が七百人の多きに上り、インドに於けるキリスト教の第一歩を築いたのである。タッカーは後に、有名なブース大将の女婿となり、ブース・タッカー中将と呼ばれて、全インド人から父の如く慕われたのであった。

（久保　綱）

解説

タッカーは、イギリスの宣教師であり、救世軍の士官として当時のイギリス植民地インドで布教活動を行ったが、宣教師の信念とは、これほど固いものなのだと教える話である。そもそもインドを植民地にしなければ、タッカーの苦しみもなかったのではないかという考え方もあるが、宣教師の中には、心の底から貧困に苦しむ人たちを救いたい、その人たちの役に立ちたいと考えた人たちがたくさんいたことは忘れてはいけないと思う。マザーテレサにしてもその一人であろう。

そういう宗教は余計なお世話だという意見もあるが、同時に、貧民を放っておく宗教に比べれば、よりよい宗教なのではないかという考え方もある。

タッカーには、彼の目に映る悲惨なインド人の生活を何とかしたいという気持ちがあった。そのために、自らすすんで貧困の中に身を投じることができたのである。宗教家と言うものは、本来、こういうものでなければならないと思う。

ところで、最近の宗教団体の布教活動について感じていることがある。近頃、周辺地域を含め、我家にも、いろんな宗教団体の方々が布教活動にやって来られますが、活動自体をどうこういう積りはありません。ただ、いきなり来られて、はやくちで喋られ、その教えの正しさを一方的に述べられたうえで、「集会に参加して」とか「この本を読んで」下さい型の方式が多いように感じるが、これでは布教される身にとって、何も感じるところがないのである。マニュアルを見て、その通りされているのであろうが、身に付いた気迫が感じられない。タッカーのような覚悟がなければならないのではないかと思う。

最優良の時計と人

米国ダラス市のＰ・Ｒ時計会社の工場へ小僧仕事に通い始めたユウラはある日、会社が誇る最優良の時計を製作中の熟練工に訊いた。

『それ、どこがよくて最優良っていうの？』

『ネジをかけた時とネジのゆるんだ時との間に、あんまり遅い速いの差がないからさ』

『たったそれだけのことなの？』

『まだあらア。寒い暑いで、あんまり遅くなったり速くなったりしないからよ』

『それから？』ユウラは瞳を輝かして訊く。

『置き処で遅くなったり速くなったりしたら駄目だ。その三つに申し分ないのが最優良さ』

その晩ユウラは眠らずに何か考えていた。

給料日が来た。大勢の朋輩は毎晩、何か口実を設けて夜業を休み遊びや飲み食いに行った。そして財布が空になると夜業にかかる。

彼等の中の怠け者は工場長から叱られると二三日よく働くが、直ぐまた怠け出す。しかし……。『ユウラ』と工場長が言った。『お前は一晩も夜業を休まず、怠けない。感心だな』

『僕、最優良の時計みたいな人になりたいんです』とユウラは張切っていた。

冬には薩張り仕事の能率が挙らない寒がりの朋輩がいた。反対に暑がりで夏はぐづらぐづらしている朋輩がいた。また、工場長の機嫌次第で快く働いたりしょ気たりする朋輩や、気が向けばせっせと励み、厭になると矢鱈に横着をきめこむ朋輩もいた。しかし……。

『ユウラ』と工場長は言った。『お前は年中ムラなしに働くな。ずいぶん厭なこともあるだろうな。――本当に役に立つぞ、お前は』

『僕は最優良の時計みたいになれりゃあ満足です』とユウラは相変らず張切っている。

工場長は時々、指名して便所掃除をさせるが、大抵は仏頂面して厭々掃除する。

少し古顔になって仕上げの方を手伝わせられていたのが、何彼の事から新米小僧といっしょにネジを選り分けなどさせられると、ブツブツ不平をこぼしたり、ひどく悲観したりする。

しかし……。『ユウラ』と工場長は言った。

『お前は何を云い付けても悪い顔をしないで朗らかにやってのける。実に気持ちのいい子だ。お前の行いは、お前が始終希望している最優良の時計がもつ三つの資格を立派に見せている。わしはほとほと感じ入った。さあ、これをお前にあげるから大事にして、その行いを過つなよ』

と、与えられたのは、ユウラが夢に見るほど欲しかった最優良の金時計だった。

爾来ユウラはその金時計を肌身はなさず持って、その微かなチクタク、チクタクひびくのを『この調子で働け、この呼吸で働け』と聞いて、撓《たゆ》まず倦《う》まず、仕事にいそしんだ。

後年のこの時計会社の社長パウリッチ・ユウラは、この少年の成功せる姿である。（小田吉郎）

解説

この話の要諦は、P・R時計会社の工場へ小僧として働いていたパウリッチ・ユウラが、最優良の時計とはどんなものかを熟練工から聞き、それを彼なりに解釈して、その通り実行したところにユウラ少年の心意気が感じられるのである。

すなわち、最優良の時計の三要素とは、

①『ネジをかけた時とネジが緩んだ時との間に、あまり遅い速いの差が無いこと』これは、人間に置きかえれば、上司からハッパ

をかけられた時とそうでない時の区別なくよく働く人間が最優良社員と言うことになる。

②『寒い暑いで、あんまり遅くなったり、速くなったりしないこと』これは、気候や職場環境の違いで、働いたり怠けたりしないでよく働く人間が最優良社員である。

③『置き処の違いで遅くなったり速くなったりしないこと』これは、どのような係に行っても、また、どんな仕事を命じられても、陰日向なく働く人間が最優良社員である。

ユウラはこのことをよく理解し、最優良の時計のように働いたればこそ、その会社の社長にまで出世したのである。

安田翁の着眼点▼▼▼

一代にして巨富を作った安田善次郎翁は、流石に常人とは眼の付け所が違っていた。

ある時、地方から広い面積の水田を買って貰いたいと、申し込んできた者があった。かなりの金額だったが、その値段を聞いてみると、小作米の収入を、仮に安い米価に見積り、それから地租、地方税、町村費等一切の公租公課を控除してみて、なお利廻りがすこぶるよいので、自分自ら実地踏査にでかけていった。

所が妙な事には、翁はその土地へつくや買おうとする水田へ行かずに、先ず氏神村社参拝にでかけていった。

『ついでにお寺へも参詣したいからご案内していただきたい』

こういうので、売り手の村の人は不思議に思った。

『安田さんは妙なお方だ。水田も見ずに、神佛詣でをなさる。取引などは後で大まかになさるつもりだろう』

と云い合っていたが、大まかどころか、用意周到で、そこの翁の着眼点のえらさがあった。翁は神社仏閣を見て、水田を評価していたのである。

もし、神社仏閣が荒廃しておれば、神仏を粗末にするような宗教心のない地方は人気が悪く、小作米も危険だというので、買うのを止めるのだ。神社仏閣が小さいながらも清浄に手入れがしてあれば、その足で小作人の家屋敷を覗いてみる。家の中がちゃんと片付いていて、屋敷の少しの空地にも何か植え付けてあるようなら、土地を粗末にせぬ勤勉な小作人とみるのである。そこで初めて買おうとする水田にいって、地質や灌漑や排水の具合などを仔細に視察して、これなら大丈夫と見極めをつけてから買うのだ。

安田翁の投資ぶりはすべてこの筆法だったので、間違いというものがなく、やがてあの巨大な富を作るに至ったのである。

（野口青村）

解説

この話の主人公・安田善次郎（一八三八～一九二一）は、天保九年十月九日、富山藩の最下級武士安田善悦の子として生まれ、幼名を岩次郎といった。貧困家庭で半農半商で生活は苦しかった。善次郎は利発で商才に富み、地元での成功が困難なことから、江戸での立身出世を志し、安政五年（一八五八）江戸へ出て玩具商、海産物・両替商、唐物商に奉公した。文久三年（一八六三）独立し日本橋小船町で露店銭両替商を開業、翌年には日本橋乗物町に両替屋兼小売商を開業し屋号を安田屋（のち安田商店と改称）と称した。その後世情不安の中で幕府依頼の古金銀の買い集めで利益を得、次いで明治維新後も太政官札を買い集めて巨利を得た。一八七四年以降は司法省ほか諸官庁の公金取扱い御用を引受けることとなり、金融業者として急成長した。一八七六年第三国立銀行開業の認可を受け、さらに一八八〇年安田商店を安田銀行として発足させ、一八九七年には銀行五行、保険会社三社、ほかに事業会社四社を手中に収めるにいたった。また一八八二年日本銀行設立にも参画して理事に就任し銀行家としての基盤を確立した。晩年には日比谷公会堂、東京大学講堂を寄付するなど社会事業に尽力したが、大磯の別荘で国粋主義者朝日平吾に暗殺された。

本を読む人の手

『おやおや今度引越してきた人は古本ばかり運んでくるよ』とアパートのお爺さんが小首をかしげた程、ギッシングは古本を詰めたビールの空函を大切そうに持込んで来た。外に荷物は小さな鞄が一つで着のみ着の儘の姿だ。今日でこそ近代英文学のなかで最も愛すべき作家として認められるジョージ・ギッシングであるけれど、青年時代は不遇と貧困に埋もれながらこつこつと筆を運ばせていた。孤独と無名の彼にとって、書籍は唯一の師であり友人であり、ビール函のなかの古本が全財産でもあった。

『書籍を大切に取扱わない人は、心から本を愛する人ではない』と云って、ギッシングはどんな本でも、それが如何に古くなっていても、また雑誌類であってさえも、それを読む時には、きっと手をきれいに洗ってからそのページをめくるのである。

そして、『手垢で本を汚すのは、本を傷めるばかりではない。あとから読む人のためにもよくない』という考えをいつも実行していた。

こういうギッシングであるから貧乏しているためにカラーやワイシャツは汚れていても、手だけは清潔にしていた。図書館には毎日のように通うのであるが、本を借り出すと、すぐに手洗所で手をきれいにしてから席に就くのであった。

（西村鎮彦）

解説

この話の要諦は、「本を読む時は、その前に自分の手を洗い清潔にする」ということである。

①本を手垢で傷めない。
②後から読む人の為に不衛生にならない。

この話の主人公は、いつもそのように心がけていたという。考えていてもなかなか実行に移すのは難しい。主人公のジョージ・ギッシングはそれだけ本を愛していたという事であろう。

ところで、最近はテレビやITの影響もあってか、紙本ばなれが進んでいる傾向にあると言われている。しかし、本は本の良さというものがあり、昔から読書の効能は不変であると思う。

母から教えられた読書の効能について、こんなことを憶えている。

『少年時代の読書は、家の中から外の景色を眺めているようなもの。青年時代の読書は、縁側から景色を眺め、壮年時代の読書は外に出て、全体の景色を眺めているようなもの』と言っていたのを思い出した。

着想と着手 ▼▼▼

宝は眼の前に転がっている。成功の機会は、いつでも自分の脚下にある。これを悟る眼と、即座に着手する真剣ささへあれば、誰でも一かどの成功者となり得るのである。

この事を、世界の人間に、身を以て、一生涯の事実を以て、示したのが、智能の英雄として紹介されつつあるエドワード・ボックである。四六判四倍で色刷りの素晴らしい雑誌レーディス・ホーム・ジャーナルが、たった十セントで三百万部数を発行するという一事が、誰が何といっても、この道にかけて世界第一と折り紙をつけざるを得ないのである。

この成功を来した原因は、その主宰者ボックの、脚下から宝玉を見出すという流儀に帰着する。彼が少年時代のことである。学校の帰り道で、うまい事をやっている一人のイタリー人を見た。彼は果物や野菜の缶詰の、綺麗なレッテルを集めて、それを切抜帳に貼り、子供の玩具として母に売っていたのである。

少年ボックは感心した。と同時に大人のイタリー人以上に頭が働いた。もっと沢山あったら、もっと沢山儲かる筈だ、もっと珍しいレッテルを加えたら、もっと高く売れる筈だ――こう見たところに、頭のヒラメキがある。

しかし、思っても、考えついても、すぐには着手しないのが凡人である。ボックは彼に交渉して、普通のレッテルは一枚一セント、珍しいものなら一枚三セントと云う取り決めをして、盛んに集め、盛んに売り付けた。珍しいレッテルは、金持ちの家の裏庭に行くとゴミ箱の中にころがっている事を知っていたのである。

ある日のこと、彼はパン屋の前に立った。フト頭に浮かんだのは、このガラス戸棚が、ガラスが有ると気付かない程度にきれいであったら、もっと感じがよく、食欲をそそって沢山売れるであろうという事である。早速主人に進言し、毎週火曜日と金曜日の放課後、掃除に来る、その報酬は一週五十セントという事に契約した。

さて、それを磨くとなると、客が、実際ガラスのあることを知らず、手を伸ばすほどにした。ある日のこと、掃除がすんでそこにいたとき客が来た。主人は店の奥で何かやっている。ボックは思い切って、即席店員となり、うまい手際で包んで渡した。彼はここにも、一つの空虚を見出し、ボック一流の着手をしたのである。主人はその様子に感心して、土曜日の外は毎日来て手伝うことを頼み、一週一ドル五十セントと約束した。ボックはまた、土曜日を利用して週刊新聞の配達を一週一ドルで引き受けた。

こうして、学校の余暇に得た一少年ボックの収入は一週三ドル、一か月では約十五ドルという事になり何の不自由もなく勉強したのである。

この調子で、いつも眼の前に宝を見つける、見つけ次第に手を伸ばして我が物にするという事を、大人になっても継続しているのである。世界第一の雑誌王となった事が、必ずしも偶然でない事を悟るであろう。誰かの言葉に、『ピンを見よ、而して之を拾え、汝は終日幸福なるべし』とある。ピンは道に落ちている。問題は、これを見るか見ないか、見ても拾うか拾わないかにある。着想と着手、そこに成功の秘訣がある。

（後藤静山）

解説

アメリカの有名なジャーナリストのエドワード・ボックは、子供の頃にオランダからアメリカに移住してきた。彼は英語がわからなく、彼の家は貧しかったため、小学校しか行かせてもらえなかった。

彼の才能発揮は、話の中にある「レッテル集め」や「パン屋の掃除とお手伝い」に留まらず、その後も才能を発揮して行くのである。ボックはウエスト・ユニオン電話会社の給仕になり、お金を貯め「米国人名録」を買った。その本から、アメリカの有名人たちの伝記を読んだ。実際に南北戦争の北軍准将ガーフィールドに手紙を出し、次に北軍将軍に手紙を出して、実際に会ったのである。

こうして彼はアメリカの著名人を知るようになった。ある時、独りの男性が葉巻タバコを開いてその中にある一枚の写真を捨てた。ボックは拾ってみるとそれは有名な政治家の写真であった。

ボックは、この写真の人の伝記を書いてあげれば写真を捨てられることはないと思い、写真を出している会社の社長に一人につき百字の伝記を書き、十ドルの原稿料をもらうようになった。

これがきっかけで出版事業を手がけ、世界最大の発行部数を持つ女性雑誌「家庭婦人雑誌」主筆を三十年も努めたのである。

ところで、兵庫県姫路市安富町の富栖湖西方の山中に、日本で唯一の「坑道ラドン浴」ができる「富栖の里」がある。これは金鉱山（旧富栖鉱山）の坑道を使っての坑道ラドン浴で、鉱石に含まれるラジウムが分解されて発生する。ラドンは呼吸により体内に入り、体内の抗酸化の仕組みのスイッチを入れることによって、活性酸素を打ち消してしまう働きがあるとされている。その結果新陳代謝が活発になり、健康増進に役立つともいわれている。このようにラドンが適度の刺激となり身体にとって有益な働きを行う「ホルミシス効果」と呼ばれている。私はこの「富栖の里」の「坑道ラドン浴」の効能に共鳴し、約六年前から月二回平均のペースで通っている。確かにうたい文句の効能である新陳代謝が感じられるが、何よりも「癒しの空間」として心が癒される状態が何ともいえない。開設当初は来訪者も多くはなかったが、テレビ放映や口コミの影響もあり、最近の来訪者は非常に多くなっている。

施設の亀井オーナーの話によれば、『開設に至るまでの間の苦労は大変でしたが、大学教授などの指導を仰ぎながら、何とかやってこられました。これも関係者の皆様の御かげです。健康に不安を抱いている方々の少しでもお役に立ちたいという一心でやらせてもらっています』。といわれていたが、これまで、誰も思いつかなかった、このような施設を作ると云う着想があり、海のものとも、山のものとも分らないものに向って挑戦（着手）しようという勇気と確信があればこそ、このような立派な施設を開設するに至ったもので、心から敬意を表したい。

『イエス』と『ノー』▼▼▼

リピンコットと云えば、米国で指折りの大書籍出版元でるが、この事業を創立したジョン・リピンコットは、書籍販売のコツについてこんな経験談をした。

大抵の書籍外交は、お客の家を訪問して
『奥様、この素晴らしい本を一冊、お子様に如何でしょう』

と紋切型の口上で言う。しかしその場合、扉口に出た主婦は、十中八九、『まあよろしいので御座いますわ』とか『要りません』といって、外交員の鼻先で、ぴたりと扉を締めるに違いない。

ところが販売のコツをよくのみこんでいる外交員は、先ずこう云って相手の心を掴む。

『奥様、お宅のお坊ちゃまは、セントラル学校へお通いなさっていらっしゃるそうで御座いますね』

すると、主婦は相手が外交員だと知っていても、大抵の場合、

『ええ、そうですよ……』

と、答えるに決まっている。尤も事実そうである場合に限ってではあるが。とにかく、外交員は相手に『イエス』と云わせるに成功したのである。

その主婦はあるいは書籍を買わないかも知れないが、販売員としてみれば、書籍を買ってくれなく

ても、頭から『ノー』と云って玄関払いを喰わされないだけで、将来交渉の余地が残されているわけである。相手方に『イエス』と云わすことは、所詮、相手方に好感を起こさせた証拠であって、やがて相手を説得し得られる機会を掴めたのである。

書籍の販売に限らず、外交員のコツは相手に『ノー』と云わせないで『イエス』と云わせるにある。

（大江専一）

解説

ここに出て来る話の舞台は、アメリカ、ペンシルベニア州フィラデルフィアに本社を置く出版社である。一七二九年にフィラデルフィアでベンジャミン・ワーナーとジェイコブ・ジョンソンが共同で創業した書肆がルーツとされている。その後、他社との合併・吸収をしながら、宗教書・ビジネス書などを手広く扱う総合出版社となり、特に四代目社長のジョセフ・ウオートン・リピンコットは、さらに積極的な拡大路線を採った。現在の主力分野は、一九五〇年より進出した医学に関する書籍やジャーナルである。

ところで、この話の要諦は、優秀な営業マンの心構えを教えている。

そこで、優秀な営業マンになるにはどうしたらよいかを探ってみよう。それは、お客様と会社に必要とされる「営業センスの高い人」になることが大事で、そのための六つの特性（感性）を養う必要があるとされる。すなわち、「営業センスの高い人」六つの特性（感性）とは、

①お客様の気持ちを汲み取る感性
②「お客様の感情」と「人間心理」に働きかける感性
③短時間で信頼関係を築く感性
④お客様の心を動かす感性
⑤相手に合わせて、ベストな言葉を選択する感性
⑥「購入（契約）の可能性」を判断する感性

の六つであるとされる。

発奮した一句▼▼▼

散々に事業に失敗して、全く無一物になった『寶丹』の元祖守田治兵衛氏が、東京にも居たたまれず、唯一人悄然として旅に出た。いや、旅に出たというよりは寧ろ敗残の身を清算すべく、死に場所を探しに出たという方が正しかった。

希望のない、暗い心を抱いて甲州街道を下り、甲府の安宿に泊まった時の事である。疲れた身体を仮寝の床に横たえようとしてふと枕屏風を見ると、治兵衛氏の眼に映ったのは、

『裸にて生まれて来たに何不足』

という俳句とも川柳ともつかぬ一句であった。金釘流のお粗末な字だ。お粗末な字ではあったが、今の守田氏には何かしらピンと来るものがあった。

『裸にて生まれて来たに何不足――』

氏は今一度心の中で繰り返してみた。

『そうだ、俺はもともと裸で生まれて来たのだ。それが今裸一貫になったといって、不平を起こしたり、狭い量見を起こしたりするのはとんでもない間違いだ！』

翻然と悟った氏は、急にすがすがしい気持ちになって、再び東京に引き返した。

そしてこの一句を肝に銘じ、奮闘又奮闘、遂に一旗挙げる事ができたのである。（佐治克己）

解説

守田治兵衛（一八四一～一九一二）は、天保十二年六月十四日江戸で生まれる。安政六年（一八五九）売薬商の九代目を継ぎ、新薬「寶丹」を製造発売して財をなす。のち東京市会議員。古銭の蒐集家で、寶丹流と称する書も得意とし、商家の看板に珍重された。大正元年十月十八日死去。七十二歳であった。

ところで、この話の要諦は、主人公・守田治兵衛が、死に場所を求めて泊った宿屋の屏風に書いてあった『裸にて生まれて来たに何不足』の一句により発奮したことであった。しかし、この句に

あるのは、あくまで現象面のことを言っているのであり、守田治兵衛もそのままの解釈で発奮したことは、それはそれで大変良かったと思う。

守田は、後年になってから、きっと思ったに違いない。『人間生まれて来た時は、決して裸ではなかった。両親の愛情と言うベールに包まれていたのだ！』と。

社の守護神《ますこっと》

楽器界の世界的殿堂、米国バカード・ピアノ会社はある年、労働争議が険悪化して丁度その日は、風か雨かの危機が刻々迫っていた。

——朝。小使部屋では、小使を勤めながら苦学しているフレーミングと老小使とが、ストーブを間にして物案じ顔に語り合っていた。

『僕はね、どうして重役さん達と職工さん達とがカンカンになって争うのか、いくら考えても解らない』とフレーミングは言った。

『そりゃお前さん、職工さん達は賃金が安くて困るから上げろと言うし、重役さん達は利益が少ないから賃金は手一杯だと言うし、そこで喧嘩がおっぱじまったんだァね』

『いいえ、僕の言うのはそれじゃァない。重役さん達も職工さん達も、同じ屋根の下で働いて暮らしている。——詰り、親子兄弟同様の内輪同志でしょう。それなら一緒に仲好く睦じく働くのが本当じゃないでしょうか？』

『だからさ、やっぱり金だァね。親子兄弟だって、儲からない、足らない、で、生活むきが不自由になると、お互い何彼につけ面白くないことになるもんだ。会社の争議だってそれとおなじことだァね』おまけに今度ワールド・ピアノ会社が建ったんで、注文が減ってきたから、余計こんなことにもなるわけさ』

『それですよ、僕が考えるのは。——そんな競争者ができたんだから、一そう会社も奮闘努力しなければならないでしょう。それなのに、重役さん達も職工さん達も、全体に一致協力しなければならない秋なのに、醜く内輪同志で争って、職工さん達はサボタージュしたりストライキしたり、重役さん達は自邸に引籠りきりになっていたり、……これじゃァ、ワールドピアノ会社に負けるばかりか、終には潰れてしまう……』

その時、街路の方から不穏な喚声が辺りを揺るがすように聞こえてきた。二人はハッとして、顔色変えながら耳を欹てた。

『サア、大変だ!』と老小使は声を震わせて立ち上がった。『職工さん達が、会社の乗っ取りに押し掛けてきたぞ! 重役さん達もやってきて、扉に鍵かけて籠城するとか聞いていたが……兎も角、俺はちょっと様子を見て来よう』と、そそくさと出て行った。

喚声がだんだんと近づいて聞こえる……。と、何か異様な激しい物音が響いてきた。

フレーミングはつと立上がったかと思うと、窓の白いカーテンを外して卓上に延べ、ブラシにインキをタップリ含め、腕を捲りあげて何か大きく書き始めた。やがて書き上げるとそれを抱えて廊下へ出、階段を駆け上った。

階上の一室の窓から斜めに見える重役室の窓は残らず閉ざされていた。見下ろすと、男工女工の夥しい人数は、もうそこまで殺気立って雪崩込んで来た。喚声を揚げながら……

フレーミングは抱えたカーテンを窓の外へダラリと垂らした。突如としてこの異様な掲示に、窓ガラスを透かしてみる重役達の視線と、無数の職工達の視線とが一斉にそそがれた。

それには斯う書いてある——

『工場に調和なくば、ピアノにも調和なからん』と。

俄然、職工たちは水を打ったように静まり返った。争議の指導者数人が何か協議を始めた。

重役室の窓があいた。

やがて重役達と争議の指導者達とは会見した。勿論、双方ともカーテンに書かれた啓示に反省して歩み寄ったのだ。——調和・諧調を失ったピアノは役に立たぬように一致協同の無い工場は萎縮沈滞して、崩壊没落への道を辿ると知った彼等は、ここに新しく重役も職工も打って一丸とする全体的精神を固めて働くべく決議した。
フレーミング青年は、会社の守護神として尊敬され、彼のシカゴ大学の学費その他一切は会社全員が寄付した。能率増進、製品優良、売行好転、従って職工の賃金は値上げされ、円満繁栄の会社は、卒業後入社する筈のフレーミングを、双手をあげて待望した。

（小田吉郎）

解説

この話の要諦は、アメリカのピアノ製造会社で小使いを努めるフレーミングという青年が、会社の破滅に繋がりかねない危険な状況の労働争議を、彼の機転により未然に防止することが出来たという話である。労使双方共に、フレーミング青年の必死の覚悟に目覚めたのだ。もとよりアメリカは民主主義の国家であり、最後は話し合いで物事を解決するという社会基盤が備わっている国民性が、瀬戸際で正常な状態に押し戻したと云えるのではないだろうか。

労働争議で思い出すのは、日本労働史上空前絶後と称された、九州の三井三池争議のことである。

昭和三十五年七月二十二日、この争議は最悪の場面を迎えていた。それまでに労使双方はロックアウトやストライキで対抗するなど険悪な状態が続いていた。その過程において労組側の大牟田ホッパーの不法占拠に対して、会社側は不法占拠排除の仮処分の決定を裁判所から受け、これが強制執行の日がその日であった。

情報によれば、大牟田ホッパーには、労組側は全国からのオルグ等を含む約二万人が集結し、これに対し、強制執行を行う警察部隊は約一万人体制であった。双方必死の対決であった。もし、これが実行されたならば相当数の死傷者が出るかもしれない最悪の事態が迫っていたのである。

ところが、この日の未明となり、最悪の状況を回避する事が出来たのである。理由は、直前に池田内閣が発足し、中労委の調停が始まったということで解決の糸口が見えて来たというものであった。

いずれにしても、労使双方が、土壇場に於いて中労委の調停によるとは云え、和解を受け入れるということは、日本もやはり民主主義国家としての成長過程を迎えたことになるのではないか。

その後、三井三池争議は、昭和三十五年十月二十九日、解決を見るに至った。

名匠尾形乾山▼▼▼

享保の頃画人として、また陶器の名匠として世に知られた尾形乾山は京都の人であったが、江戸へ下って入谷に住んでいた。その頃上野輪王寺宮は茶道に詳しい御方で殊に乾山の作った陶器を愛玩されていたが、その乾山が江戸へ来たとお聞きになって態々御召しになった。乾山も光栄のことに存じて、御召しに応じて宮家へ参上したが、所詮名人気質で物事に無頓着であったので、衣服なども甚だ粗末であった。

宮家の侍達がこれを見て、『宮様に拝謁するのに、そういう粗末な服装では失礼に当たる』というので、立派な紋服に着換えさせた。乾山は輪王寺宮に拝謁していろいろの物語りを申し上げ、上々の首尾で御前を下ったが、その時御居間の棚の上にあった支那焼きの壺がッと眼についた。形といい、色合いといい、まことに見事なものである。自分も何とかしてあゝいう物を作って見たいと思いついた。

宮家の侍達も宮の御機嫌が非常によかったので共に喜んで、『その紋服は記念のためにその方に取らせる、そのまま着て帰るがよい』と、その立派な服装のままで乾山を駕籠で入谷の家へ送らせた。乾山は駕籠の中で彼の壺のことばかり考えていた。やがて入谷の家に着くと、弟子が出迎えて、

『御前の御首尾はどうで御座りました』

と問うと、乾山は、

『喜んでくれ、大変御機嫌がよくていろいろお話があった』

と言い捨てたまま直ぐに仕事場へ行って、その紋服のまま坐って土を捏ねはじめた。帰りがけの駕籠の中で壺を作る工夫がついたので、直ぐに仕

事にかかったのである。後からついて来た弟子がこの様子を見て大いに驚いた。

『そのお召物は大層立派なものではありませんか。宮家で御拝領になったのですか』

と問うと、乾山は、

『ウムそうだ』と答えたまま振返りもせず、一心になって土を捏ねていた。

『それはお着替えになったら宜しいでしょう。そういう立派な御召物は何か大切な式でもあった時に御召しになった方が良い。そのまま仕事をなさっては汚れるではありませんか』

と弟子がいうと、乾山は姿を正してその弟子に向かい、

『焼物師には土を捏ねるより大切なことはない。愚かなことをいうな』

といったので、弟子も恐れ入って、何とも返す言葉がなかった。

自己の業を斯くまで尊重したればこそ、乾山は名匠として永く世に伝えられる人となったのである。

（小林一郎）

解説

尾形乾山（一六六三～一七四三）は、京都の呉服商、雁金屋の三男として生まれ、権平と名付けられる。六歳年上の兄は尾形光琳である。貞享四年（一六八七）、父の遺言により、室町花立町・本浄華院町・鷹ケ峰三つの屋敷と書籍・金銀などの諸道具を、光琳と折半で譲り受けた。遊び人で派手好きで遺産を放蕩に費やした兄・光琳と対称的に、乾山は莫大な遺産が手に入っても、内省的で書物を愛し隠遁を好み、霊海・逃禅などと号して地味な生活を送った。元禄二年（一六八九）、仁和寺の南に習静堂を構え、参禅や学問に励んだ。そこで、野々村仁清に本格的に陶芸を学んだ。三十七歳の時、かねてより尾形兄弟に目をかけていた二条綱平が京の北西・鳴滝泉谷の山荘を与えた為ここに窯を開く。その場所が都の北西（乾）の方角にあたることから「乾山」と号した。乾山が器を作り光琳がそこに絵を描いた兄弟合作の作品も多い。六十九歳の時、輪王寺宮公寛法親王の知遇を受け、江戸・入谷に移り住んだ。元文二年（一七三七）

九月から初冬にかけて下野国佐野で陶芸の指導を行う。その後江戸に戻り、八十一歳で没した。
辞世は『うきこともうれしき折も過ぎぬればただあけくれの夢ばかりなる』
乾山の名は二代、三代と受け継がれていった。ただし、それは血縁や師弟関係に基づき襲名されるのではなく、各々が自称したに過ぎない、という。

履歴書は雇わぬ ▼▼▼

自動車王ヘンリー・フォードの会社に、ある時同時に二人の青年が雇われた。

一人は大学出のパリッとした青年で、もう一人はなんの学歴もない地方からぽっと出て来た若者であった。

この二人は、翌日から見習職工として同じ工場で働かせることになった。

大学出の青年にはこれが不満でたまらなかった。早速社長フォードの処へ出かけて行くと、

『私は、仮にも最高学府に学んで来た者です。それが、なんの学歴もない者と一緒にされて、同じ処で働かされるというのは、まことに心外でなりません。これは、何かの間違いではないのですか』

と、いきまいて云った。

フォードは笑って答えた。

『私は、君の履歴書を雇った覚えはない。君の腕を雇ったのだ。君の腕がどれだけ優れているか、それは君の仕事を見た上でないと分らぬ。だから、わだと最下級の仕事から始めて貰ったまでだ。腕に自信があるならば、仕事の上で示して見せてくれたまえ。そうしたらどんなにでも上の仕事をして貰おうではないか』

社長をやり込めてやろうと意気込んで来た青年もこれには、一言もなかった。

学識を鼻にかけて威張っていた青年は、自然仕事にも興味が持てず、間もなく会社を止めてしまったが、一方の無学の青年は、真面目にコツコツと働き続けたおかげで、数年の後には、その工場長とまで出世したのであった。

仕事に就いた以上は、肩書も要らぬ、履歴書も要らぬと喝破したフォードの目はさすがに高かったのである。

（影山稔雄）

解説

アメリカの自動車王・ヘンリー・フォード（一八六三～一九四七）は、ミシガン州の農家に生まれ、十六歳のときから機械工場の工員、エジソン電燈会社の機械工などをしながらガソリン自動車の製造を研究した。一八九六年にガソリン・エンジンで走る自動車の試作に成功、一九〇三年デトロイトの近くにフォード自動車会社を設立、改良を加えながら、流れ作業、部品標準化など合理化をはかって量産に成功、八時間労働制や最低賃金制を採用して世界的な自動車会社をつくりあげた。自動車王と呼ばれ、アメリカ産業界に大きな支配力を持った。著書に「わが一生と事業」がある。

この話の中で、大学出を鼻にかけた青年社員に、「履歴書などはどうでもよい。腕に自信があるならば仕事の上で示してくれ」と言ってみせたのも、自分自身が学歴が無くても成功を遂げることが出来たという自負があったからではないか。

仁者は長命

百歳の長寿を保って今尚教壇に日本女性の道を説く棚橋絢子先生は、誰知らぬ者もない日本女流教育界の大先達である。

『先生、どうしてそんなに長命でいらっしゃいますか、秘法をお教え戴きとうございます』

『長命の秘訣？　それは三つありますよ。第一には腹を立てぬこと。腹を立てて気持ちのよかった事はありません。必ず苦労が伴います。これが第一の毒です。第二には腹八分目、決して美食や過食をせぬことです。第三は物の生命を大切にしてやることです』

『物の生命を尊重することが長命の本』

何という貴いお言葉であろう。先生は現にこれを実行しておられる。先生のお机の傍の紙屑入れには、小さな紙片が始末もされずにおさめられてある。我々に於いては、とっくの昔に反古紙として捨てられるか、さもなくば、燃やされる紙片も、先生に於いては時折の風流を記される料紙になる。この料紙は、更に髪をくしけずられた後の手拭き紙に充てられる。油のついた手拭き紙は、更に三度活かされて敷居を拭く料となる。

『襖の滑りが誠におよろしくて』

と先生はにこにこ顔で仰せられる。しかもまだ御用済みにはならず、『竈に燃せば火力も強うございます』

と、我々の廃物も先生に於いては、こうして四度新しい生命を吹き込んで、出来るだけの御用を務めさせられる。

昭和十三年春先生の百歳のお祝が朝野の人々千六百余名によっていとも盛大に行われた。その人々に記念の為にと贈られたものは、小さい紙片に『壽、九十九歳絢子』と記された真筆であった。しかもその用紙が或は他人よりたよりを書いて送られた巻紙の余白であったり、或は菓子の包紙に用いられた反古紙を克明に皺をのばし、手頃に切ったものであり、なお、これをおさめた封筒がすべて古物の再生であったので、戴いた人々はひとしく深い感銘にうたれたということである。

先生のは唯単なる節約の意味の始末ばかりではなく、実に物の生命を大切にすると云われた、もの言わぬ物に対する深い思いやりの心の現れである。縁あってこの世に生れ出た物品に対しても、人間やその他の生物に対すると同じく深い慈悲心を及ぼしてその生命を尊重せられたのであって、『仁者《じんしゃ》は　壽《いのちながし》』という語が先生に於いて本当にしみじみ味われる思いがする。

（浅野孝之）

解説

棚橋絢子（一八三九〜一九三九）は、天保十年二月二十四日大坂の酒造業牛尾田家の長女として生まれる。十九歳で盲目の漢学者棚橋松村と結婚。夫のために書物を音読して勉学をたすけ、また家塾をひらく。明治維新後、十番小学校教師などを経て、名古屋市高女、愛敬女学校、東京高女などの校長をつとめた。昭和十四年九月二十一日死去。百一歳であった。

この話の要諦は、長命の秘訣は三つあり、一つは腹を立てぬこと。二つは腹八分目。三つは物の命を大切にしてやること。であり、特に大事なのは三つ目の「物の命を大切にする」ことである。ここで物とは、生物に限らず、地球上に存在しているあらゆる物質のことを言っているのである。仏教経典・涅槃経の中にある『一切衆生、悉有仏性』といって「一切の衆生には、みな悉く仏性がある」という意であるが、インド仏教では人間をさしている「衆生」を、天台宗の開祖最澄は、草木など天地自然の万物すべては「衆生」であるから「いのち」のある存在であり、しかもそれらは「仏性」を備えているというのである。もちろん、「仏性」とは、聖なる性質という意味であるから、棚橋絢子の大切にした「いのち」と相通じるものがあるのではなかろうか。

フランクリンの手紙

本月十五日のお手紙を拝見しました。唯今の御境遇は誠にお気の毒にたえません。ここに十ドル紙幣を一枚封入致して置きますからどうぞお受取り下さい。

このお金は差上げるものではなくお貸しするのです。あなたはこれから郷里にお帰りになれば、あちらで必ず何か仕事を見つけられることと存じます。そうすればそのうちにはこのご負債をお返しになることが出来るようになりましょう。

そういう場合になりましたらそのお金を私に返して下さったお積りで他の困っている正直な人に貸してあげて下さい。その人が返せるようになった時は、又それと同じ境遇に出合った人に、その借金を払うと言う条件を付けて貸して上げて下さい。それで私に対する負債は済んだものとお考え下さい。

こうしてこのお金が先から先へと沢山の人に渡

っていくことを私は切に望んでおります。そうしてこの善い計画が考えの足らぬ怠け者の為に中止されることのない様祈っています。これは僅かのお金で善い行いをしようとする私のてだてです。
私は立派な仕事の為にお金を皆さんに上げる程の金持ちではありません。それですからこのような方法で少しのお金を沢山に使いたいと思うのです。それでは今後の御幸福を祈ります。

さようなら

千七百八十四年四月二十二日

ベンジャミン・フランクリン

（浅野孝之）

■解説■

フランクリン（一七〇六〜一七九〇）は、アメリカの政治家・科学者である。ボストンの貧しい職人の子に生まれ、フィラデルフィアで印刷工として働き、二十三歳で独立して印刷・出版業をはじめた。一七三二年「貧しいリチャードの暦」を発行し、ユーモアをまじえた実用記事が評判になってつづけ、ことに一七五七年までつづけた。この間独学で勉強を一七四〇年ごろから自然科学の実験を熱心に行い、一七四九年には雷が電気の現象であると考え、雷雨のときに凧をあげて空中放電を確め避雷針を発明した。またアメリカ哲学協会の設立や図書館・大学をつくる仕事につくしアメリカの文化の振興につとめた。一七七五年から政治家として活躍、アメリカの独立戦争では一七七六年独立宣言起草委員となり、大使としてフランスへ渡り、独立に際してフランスの援助を受けることに成功した。また憲法制定会議には最年長者として参加した。典型的なアメリカ市民として「すべてのヤンキーの父」と呼ばれた。著書に「フランクリン自伝」がある。

出世の大根▼▼▼

愛知県安城町在に梅次郎という男があった。小学校も卒業しない程の無学の男であったが土地の辻川という貧しい小作人の家に養子に貰われた。

小糠三合あれば養子にいくなという諺もあるが、梅次郎はお嫁さんをくれてその上家までくれるという事はこの上もない有難い事だといって喜んでいた。そこでこの娘と家とを無料で頂戴した御恩報じをしなければならないと思ったが無学文盲であるから、学問で身を立てる事は出来ず、商売をするには資本金がなし、やっぱり鍬をかついで百姓をするより外に方法はないが、同じ百姓をするにしても日本一の百姓になってこの御恩を返すのだといっていた。

こうして梅次郎の考え付いたのは尾張名物の大根の改良であった。大根には冬大根と夏大根がある、冬大根は女の脚のような大きなものが出来るけれども、夏大根はどうしてもその四分の一の太さにしかならない。そこで梅次郎は、

『この夏大根を冬大根のように太くして、その味も冬大根に劣らなくしたならば目的の半分を達する。その上自作の夏大根を畏きあたりに献上して幸いに御嘉納頂いたならば、それで始めて自分は日本一の百姓になれるのだ』

といって、夏大根の改良作に熱中しはじめた。ところが三年五年たっても梅次郎の作る夏大根はやっぱり病人の手のように白くて細い。近所の人達は、

『辻川さんもいい婿さんを貰ったものだ。少しキ印でなも』

と云い合っていた。

けれども梅次郎はそれにも拘わらず必死になって改良に改良を加えている中、とうとう冬大根と少しも違わない夏大根を作り上げる事が出来た。

丁度その年、内国勧業博覧会が名古屋で開催されたので、これを出品したところ、流石は尾張大根の本場だけあって珍しく大きな夏大根が出来るものだと大勢の見物を感嘆せしめた。

当博覧会へ行幸あらせられた明治天皇の御目に留まり給うた農作品の一つは実にこの梅次郎の心魂を打込んで十年がかりで作り上げた夏大根であった。

陛下はこの珍しき大根について、時の愛知県知事に御下問されたので、知事は調査の上詳しく奉

答した。そこで梅次郎に対して知事より自作の大根を献上申上げるよう命令があったので梅次郎は欣喜雀躍して早速畑から最も大きいのを数本引き抜き、先ず斎戒沐浴してこれを清め洗い、御駐泊所たる名古屋偕行社に持参して、これを献納した。

十年来の希望が叶ってこれで自分は日本一の百姓になったのだ、自分の苦心して作った大根が天皇陛下の御食膳に上る光栄を得たのであるから、百姓としてこれに過ぎる名誉はない。と涙を流して喜んだ。

その翌年から年々愛知県庁を通じて梅次郎の大根を陛下に献上する事になったが、この苦心に対して、国家はこれに報いる適当な規則がないので、梅次郎には何等の沙汰がなかった。

この話を聞いた田尻稲次郎子は、それは何とかしなければならないといって、考えついた一案は、その梅次郎の苦心して作り上げた大根種に『春若大根』の名称を付し、これに専売特許を与えるという事であった。日本国中で専売特許権を受けたものは数え切れない程あるが、種物でその権利を得ているのは辻川梅次郎氏唯一人である。

（沖野岩三郎）

解説

ところで、「妙好人」と言うのをご存じだろうか。妙好人（みょうこうにん）とは、仏教の知識も学問もなく、読み書きも満足に出来ない人が寺に参詣し、説法を聴聞し念仏をとなえることで、心身ともに安心立命の境地に達した人のことを言って、泥沼に咲いた白い蓮華のように稀なる存在の人だという。

ここに紹介する石見の才市こと浅原才市翁（一八五〇〜一九三二）は、島根県・温泉津《ゆのつ》の船大工で、のちに下駄職人として生涯をおくった。五十歳すぎに自ら知った浄土の世界と自分が住む娑婆の世界の心の交流を、下駄をつくる際に出るカンナ屑に書きとめた。『かぜをひけばせきがでるさいちが御ほうぎの風をひいた　念仏のせきがでるでる』。「口あい」とよばれる詩歌を才市翁は、小学用のノートに約一万首書き残した。カンナ屑に書いたのを数えると数万首になるという。今は、浅原才市が生まれた温泉津の温泉の前に角をはやし合掌する銅像が立っている。

立派な夏大根づくり一筋に打ち込んだ辻川梅次郎の生き様が、妙好人・浅原才市翁と相通じるものがあるのではないかと思う。

執筆者の沖野岩三郎（一八七六〜一九五六）は、和歌山県に生まれ、青年時代は軍国主義的思想にかぶれていたが、トルストイの感化などによってクリスチャンとなり、一九〇七年（明治四十年）三十一歳で明治学院神学部を卒業した。牧師としての生活を送るうち大石誠之助、幸徳秋水らのアナキストと知り合い、彼らの社会思想の影響を大きく受けた。大逆事件に関係したが逮捕は免れた。四十二歳のとき、『大阪朝日新聞』に新時代の栗鼠と社のあり方を描いた長編小説「宿命」（一九一八）を発表して文筆生活に入る。以後は、社会主義的キリスト者として多くの著述を残している。

人間の第一義

明恵上人伝記という書物の中に、こういう話が述べられてある。

明恵上人が松茸を大変好きであるということを多くの人々が伝え聞いておって、ある時明恵上人を御法事か何かで御招びした時に、その主人が、松茸を色々に工夫して料理をして差上げた。ところが後日になって、

『上人は松茸を大変お好みであるということを承ったものであるから、随分骨を折って色々料理して差上げた』

こういうことを誰いうとなく噂していることが、上人の耳に入った。そこで上人が申されるには、

『一体自分が仏法を好むということを人に言われるならば、これは決して恥ずかしいことはないのだが、上人は松茸が好きだなどと云われることは、実に浅ましいことである。畢竟《ひっきょう》自分が松茸を食べるからそんな噂が起こって来たのであるか

ら、今後は松茸は断じてたべない』

こう言われて、それからは一切松茸を食べることを止めてしまわれたということである。

これはどういう事であるかと申すと、明恵上人が仏法の第一義を守られたのである。臣下としての第一義は君に仕えることであり、子としての第一義は親に孝養を尽すということであり、官吏の第一義はお上の仕事に対して忠実であるということである。医者の第一義というのは病気を治すことであり、教育家の第一義というのは子女の教育に当ることである。学生生徒の第一義というのは、学問修行に対して自分の身を捧げるということが第一義である。

斯くの如くどういう職業に従事している人であっても、第一義、即ち本領というものは必ずあるに決まっているものである。

又明恵上人はこういうことを言うておられる。

『人間というものは阿留邊幾夜宇和《あるべきようわ》という七字を持つべきである。坊さんは坊さんのあるべき様、俗人は俗人のあるべき様、臣下は臣下のあるべき様、このあるべき様に背くから一切悪いのである』

これは人間は人間らしくしなければならぬという事であって、坊さんは坊さんらしく、教育家は教育家らしく、らしくということが即ち阿留邊幾夜宇和、現在その儘という事である。これは人間の第一義というものはこういうものである。ということを説かれたものであろうと考える。


（白石正邦）

解説

明恵上人（一一七一〜一二三二）は、鎌倉新仏教の興隆に刺激されて起こった、旧仏教の革新運動の先駆者として知られ、華厳宗を再興させた。

八歳のときに父母と死別して出家し、多くの師から仏教学を学んだが、それらにとらわれず、修行を尊び戒律をよく守りとおした。

仏教史学者の辻善之助博士は「日本の仏僧で、確実に一生涯女性を犯さなかったといえるのは明恵だけである」と言い切っているくらいである。

明恵は釈迦を尊崇する念があつく、せめて生涯中にその出生の地インドに渡って仏跡を巡礼しようと志したが、病のため果たすことができず、インドへの道程などを『印度行程記』に記して心を慰めていた。法然が浄土宗を開いたときには、これを批判した『摧邪輪《さいじゃりん》』を著わした。

理髪店主の話

内村鑑三といえば、日本基督教会の大先達として、かくれもない人格者であり、且つ学者であるが、これは内村氏が永くひいきにしていた理髪店の主人の話である。

『先生は無口で多く語られず、黙々として鋭い眼で見られると、何となく威厳にうたれましたが、非常にやさしい方でしたよ。

(お前たちは剃刀が一番大切だから、毎朝仕事の初めに三度いただいて、怪我過ちのない様に念じて、仕事にかかるようにするとよい)

と教えて下さった事がありました』

先生はギリシャ人にはギリシャ人の如く、ローマ人にはローマ人の如く、床場の主人には床場の主人の如く教えられたのであった。

更に主人は言った。

『ある時仲間が不景気で値下広告を出しましたから、私もそれを出そうかと思って、先生にその由をお話ししましたら、先生は、

(それは止めた方がよかろう。それよりも現在のお前の顧客を充分親切に丁寧に取扱って、その人々からあの床場が善いと広告されるようになるのが本当の広告法である)

とお仰せられたので、私は値下広告を止めて、一生懸命忠実に毎日働いていました。

その後先生が、

(どうだ、値下広告をしないでもやって行けるか)

とお尋ねになりましたから、(ハイ有難うございます。一ヶ月に生活費の外に五円ばかり残りました)

とお答えすると、

(それではよいではないか、俺の云った様にやっ

て見なさい）
と云われました。お陰で近頃は一層お客が殖えて楽になりました』

（三上庸吉）

解説

内村鑑三（一八六一～一九三〇）は、明治時代の思想家・宗教家である。高崎藩の家老の子として江戸に生まれた。十二歳で英学塾にはいり、のち東京外国語学校に移り、一八七七年（明治十年）札幌農学校に入った。農学校にはクラーク先生がいて、キリスト教的な空気が張っていた。生徒には聖書がわたされた。鑑三は深い信仰をもつようになり、学校で新渡戸稲造と知り合いになり、生涯の友人となる。卒業して農商務省につとめ、アメリカに渡った。アーマスト大学で歴史、聖書文学、地理、鉱物学を勉強した。総長のシーリー先生に愛され、鑑三が罪悪の問題についてなやんでいるとき、総長は『きみはちょうど植木鉢の植木を引き抜いて、根を調べているようなものだ。そんなことをしては植木は育たない。きみ自身をいかに掘ってみても、神とのやわらぎは生じない。十字架を仰ぎ見なさい。信仰のみが救いをもたらすのです』と、教えた。日本へ帰って信仰と伝導の道に生き、第一高等学校の先生、新聞記者にもなり、日露戦争のときは非戦論をとなえた。近代日本の思想界、とくに青年に大きな影響を与えた。「聖書の研究」をはじめ多くの名著を書き残した。

喜んで人の僕となる▼▼▼

江原素六先生は麻布中学の校長で、多くの子弟に父の如く慕われ、貴族院議員としてその高潔なる人格と識見とを以て世人の尊敬をうけ、又クリスチャンとして青年会の会長として長く仰がれた。しかもその生活は質素単純であった。

ある時大磯かどこかに暫く休養に行っておられたときのこと、先生が急いで駅の方へ走るようにして行かれる。それを見た、小川の畔に大根を洗っていた一人の若い農夫が、

『先生どこへおいでになります』

すると先生は、

『今急用が出来て駅まで電報を打ちに行くところです』

と答えた。若者は、

『そんなら私が一走り行って打ってあげましょう、御老体ではお気の毒ですから』

と云うので先生も、

『それは有りがたい。どうぞお願いします』

と紙切れといくらかのお金を渡した。若者はやがて間もなく電報を打ってその場所へ帰って来ると、江原先生はしきりに大根を洗っていられるのであった。若者は恐れ入って、どうしてそんなことをなさいますかとお尋ねすると、先生は、

『あなたが私の用を達しに行ってくださる間私があなたの留守番をしているだけですよ』

とほほ笑みながら云われた。これにはこの青年も甚《いた》く胸を打たれたのであった。先生はいつも人の僕となることを心がけていられたのである。


（額賀鹿之助）

解説

江原素六先生の人となりについては既に述べたので省略する。苦労人であればこそ、下僕の心が解るのである。反対に苦労知らずに地位や名誉や財産を手に入れた人間は、人の痛みも解らず、思いやりの気持ちもない。

ところで、「無財の七施」という教えがある。財力が無くても、七つの施しが出来る。との意である。

①眼　施＝目は心の窓いつもやさしく
②和顔施＝いつもほほえみをたたえ
③言辞施＝すみません　有難う　どうぞを
　　　　素直にいい
④心　施＝お互いに助け合い　かばい合い
　　　　信じ合い
⑤身　施＝世のため　人のために自分の
　　　　力をつくし
⑥床坐施＝人には席をゆずり
⑦房舎施＝つかれた人には　家の中で

この話の中に出て来る青年も江原素六先生も自然のうちに無財の施しをされたことになる、と思うのである。

分限者と一枚の葉書

明治二十七年春の事であった。その三、四年前に内務大臣をやめられた品川弥次郎子爵が、山林会総裁として、奈良県の模範林を視察の為、上市《かみいち》町《まち》の北村又左衛門と云う、当時奈良県第一の山林家の家に逗留されたことがあった。

ある朝、食事が済んだ後で、皆が大勢、品川子爵の前におった時、そこへ主人の又左衛門が伺候して来た。その時、品川子爵が、何か用事があったと見えて、又左衛門に、

『葉書を一枚所望したい』

と云われた。それで、又左衛門が小僧を呼んで、葉書を持って来ることを云い付けた。

間もなく小僧は葉書を一枚持って現れたが、又左衛門にそれを差出し乍ら、

『旦那様、この葉書は、お店用に付けて置くのでしょうか、奥用に付けて置くのでしょうか？』

と尋ねた。すると、又左衛門は、静かに、

『これは、奥用に付けて置きなさい』

と云うのであった。それを聴いていた品川子爵は、ハタと膝を打って、

『其処じゃ！　それでこそ又左衛門の家は万代じゃ！　皆、よく聴け！　この分限者の家で、葉書一枚の出納もゆるがせにしない。その心掛けが無けりゃ、この大きな家は持てんゾー　こりゃァ、弥次郎感心致した。……』

と云われた。

（後藤福次郎）

解説

この話の要諦は、子爵・品川弥次郎が、奈良県第一の山林家に逗留した際に一枚の葉書を所望したところ、この家の主人と小僧のやり取りを聴き、ハタと感心したことである。それはなぜか？

事業者というものは、物・金の出と入りを明解にしておくことが基本である。僅かなことであるからと、曖昧にしては、家（社）人の気もゆるみ、やがて「蟻の一穴」の譬のように、家（社）の土台が傾いてしまう。凡人は、その時の情景を何の疑いもなく見過ごしてしまうところだが、品川弥次郎は物の本質を見極めることが出来たのである。

果たして品川弥次郎はどのような人物であるのか、検証してみよう。

品川弥次郎（一八四三～一九〇〇）は、天保十四年九月二十九日、長州藩士の長男として生まれる。吉田松陰の松下村塾に学び、高杉晋作、久坂玄瑞らと尊王攘夷運動に活躍した。戊辰戦争には奥羽鎮撫使総督参謀として各地に転戦した。一八六九年（明治二）に弾正少忠として明治政府に出仕、翌年大山巌らと普仏戦争の視察のため渡欧、イギリス、ドイツ両国で留学を続け、一八七三年からドイツ公使館に勤務した。一八七六年帰国し、一八八一年農商務省の新設に伴い、同省農商務大輔となる。その間、大日本農会、大日本山林会、大日本水産会の創立にあたるなど、政府の勧業政策全般を指導した。一八八五年駐独公使に転じ、二年後に帰国して、枢密顧問官、宮中顧問官を歴任、一方、宮内省御料局長を兼任して皇室財産の整理にあたった。一八九一年第一次松方正義内閣の内相となり、翌年の第二回総選挙では官憲を指揮して大選挙干渉を行い、引責辞任した。内相時代に信用組合法を議会に提出、これ以降信用組合設立の機運が生まれたため、産業組合運動の先駆者とされている。明治三十三年二月二十六日死去。五十八歳であった。

仕事をせがむ給仕

ニューヨーク・ブロードウエイのある事務所の一隅で、

『何か自分にできる仕事はないかな』

と、いつも眼を光らせている一人の給仕があった。出納係が現金の勘定をしていると、この少年は駆けて来て、

『ぼくにも手伝わせて下さい』

と云った。

『おい給仕、伝票をとって来い』

と命ぜられると、大急ぎでとって来るだけでなく、

『ついでに算盤を手伝わせて下さい』

とせがんだ。あまり熱心なので、会計係はひまな時に、帳簿のつけ方や、会計の原理などを教えてくれた。そうして一年もするうちに、会計係の忙しい時は、結構その代理をすることができるようになった。

その会計係が、上の地位に栄転することになった時、その後任に推薦したのは、この感心な給仕であった。

『大丈夫です。ここの会計の仕事は、あの給仕の方が、僕より詳しい位ですよ』

と保証したが、事実その通りであった。これが後にニウジャーシー・スタンダード石油会社の社長になったベッドフォードの立身のはじめだったのである。

彼は晩年、青年成功の秘訣を、次のように説いた。
『命ぜられた仕事は何でもしろ。生々と嬉しそうに、熱心にするのだ。それからそれが済んだらすぐ他に仕事がないか見廻すのだ。
仕事を量るのに、何時間働いたかで量ってはならぬ。朝から晩までの同じ時間内に、どれだけの仕事を成し得るかで量らなければならぬ。会社がひける時間が来た時、時間後まで働くよりも、時間前に仕事をしてしまう位の方がよい。しかし仕事が残っている時は、時間が過ぎても、決して帰ってはならぬ』
（澤田　謙）

解説

この話の主人公は、スタンダード石油会社の給仕から身を起こし、その会社の社長にまでなったという出世物語である。しかし、この主人公・ベッドフォードの熱心な態度と持っている素質を見抜き、何時しか弟のような親近感をもって指導に当たった会計係の上司の存在を認めざるを得ない

と思う。後年、そのことはベッドフォードも感じていたに違いない。

世は情け

能登国鹿島郡豊田村に、治郎右衛門という人があった。農を家業とし、相当の資産を持っていた。死去したのが文政四年だから、今から百数十年前の人である。

治郎右衛門は情深い人で、雇人達に対しても、常に労わることを忘れなかった。

『お前達が働いてくれるので、わし達が楽に暮らしていけるのだ』

と云って、心から雇人に感謝していた。

時々他家から物を貰うことがあると、先ず第一に雇人達へ分けてやるという風であった。雇人の方としても、主人が心から自分達を労わってくれるので、一層勤勉に働かねばならなかった。

治郎右衛門は真宗の信者であった。近所の寺に説教のある日には、雇人達に仕事を休ませて聴聞にやるのが常であった。

『早く仕事を仕舞って、説教を聴きにゆきなさい。よく聴聞して、どういう事をお聴かせ下さったか、帰ってきたらこの私に話して貰いたい』

こう云って出してやるのであった。また、その時には、賽銭にせよと云って、幾らかの小遣銭を与えるのが常であった。

説教を聴きに行く雇人の方では、帰ってから主人に説教の内容を話して聞かせなければならない約束があるから、うっかりしているわけにはいかぬ。自然、心を入れて説教を聴く。初めの中は、面白くない、気詰りだと思って聴いている教えが、度重なるにつれて、知らず識らず自分のものになってくる。こうして、主人の心遣いによって、雇人達は精神教育を受けさせられるのであった。中には、立派な信者になる者もあった。

世間から相手にされないような不良な男でも、治郎右衛門の家に奉公すると、いつとなく真人間にされてしまうのである。

(豊田大誓)

■解説■

この話の主人公・治郎右衛門という人は、真宗の信者であった、ということで、信心深く仁徳のある人格者と見受けられる。治郎右衛門が信仰している真宗即ち浄土真宗とはどのような教えの宗派なのか見てみようと思う。

浄土宗を開いた法然（一一三三〜一二一二）の教えは「ただ往生極楽のためには南無阿弥陀仏と申して疑いなく、往生するぞと思いとりて申すほかには、別の仔細候わず」として、阿弥陀如来を本尊仏として念仏中心の生活をすれば安心立命できると確約している。

法然の弟子である親鸞（一一七三〜一二六二）は、浄土宗と同じく、浄土三部経を所依の経典として、本尊仏も同じく阿弥陀如来であり、親鸞は『歎異鈔』の中で、「親鸞におきては、ただ念仏して弥陀にたすけまいらすべしと、よきひとのおおせをこうぶりて信ずるほかに、別の仔細なきなり」と述べているように、心の底から師である法然に傾倒した。

しかしながら、親鸞の考えは法然のそれとはおもむきを異にしたのである。すなわち、念仏によって極楽に往生することは同じでも、「念仏もうさんとおもいたつこころのおこるとき、すなわち摂取不捨の利益にあずけしめたまうなり」というように、浄土宗が説く称名念仏が往生を決定する因となり、この信心すらも自分のものではなく、仏よりたまわった絶対他力のものであると説いたのである。罪悪深重の凡夫が、そのまま信心を媒介として仏に救われている事実に気づいた時、すでに救う仏に対して報恩感謝の念仏が唱えられるというのである。

この信心を徹底した時には、僧侶の守る戒律は無意味となり、肉食妻帯という人間的生活を営みながらも仏の救いにあずかれるといい、その現実を肯定したので浄土宗より異端視され、独立した宗派として発展したのである。

執筆者の豊田大誓（一八九三〜?）は、明治二十六年十一月東京で生まれる。大正五年早稲田大学史学科卒業。大正六年一月より昭和六年三月

まで、中学校、女学校の教師として歴史科を担任。その後は順正寺において法務に従事した。主な著書として、

○如来と私の対話
○老苦と念仏
○我らの念仏生活
○念仏の力

など、多数あり。

細かい入念▼▼▼

私は、恩師黒田清輝先生から、よく手紙を頂いたが、先生の手紙は読んで行くといつでも一頁に五六箇所づつ、必ず消して書き直しがあった。これは決して乱暴に書きなぐり書き損じて消したので無い。丁寧に一遍手紙を書いてから封じるまでに、幾度も読み直し訂正を加えたもので、私などに対する日常の通信にまで、かかる細心な注意を払われたのであった。

それともう一つ、何かの相談があって電話で話し合うという場合、先生はすぐその場で即座に返事をされるというような事はしなかった。『考えて置くから』と云って、一旦電話を切る。やがて先生から電話が又かかって来る。

『いまの話だがね――』

と、はっきりした返事を下さるのだった。

私などはそれを心得ているから、黒田先生からの電話は、一遍で済むとは思わない。必ず又かかって来るから、何時でも暫くは画室へ帰らずに茶の間で待っていた。

非常にそういう点でも、細かく念の入る方であった。

日常何事にもかように細心な考慮を怠らないという事は、何でもないようで実は仲々出来ないことである。私は、先生の手紙を頂き、電話でお話しする度に、訓えられるところが多いのを感じた。

（和田英作）

■解説■

黒田清輝（一八六六〜一九二四）は、鹿児島に生まれ、おじの黒田清綱の養子となり、東京外国語学校でフランス語を学び、十九歳のとき、法律研究のためフランスに留学し、パリの法律学校に通いながら絵をならった。二十四歳のころから本格的な制作に打ちこみ、「読書」「朝粧」が美術展覧会に入選した。十年ぶりに帰国して洋画の研究所を開いた。東京美術学校に洋画科が新設されると、その先生になった。美術団体「白馬会」を作った。有名な「湖畔」がこの会に出品された。清輝は浅井忠とともに日本の洋画界の発展につくし、文展（文部省美術展覧会）や帝展（帝国美術院の展覧会）の開設にも努力し、のち貴族院議員になった。なまえの読み方は、はじめ「きよてる」といっていたが、のちにサインはすべて「せいき」になっている。

執筆者の和田英作（一八七四〜一九五九）は、鹿児島県出身の洋画家・教育者である。のちに東京美術学校校長を努めた。文化勲章受章者、文化功労者でもある。父は牧師の和田秀豊、弟は和田秀穂である。

黒田との関係は、東京美術学校（現：東京芸術大学）に西洋画科が開設されると、黒田清輝の西洋画科教授就任にともなって、助教授に就任。これはヨーロッパ留学を見据えた一時的な人事であり、実際には生徒として黒田の指導を受けたのである。

その後一八九八年には、麻布区市浜衛町に転居したが、絵の道に自信を失って自殺も考えたが、静岡県清水町に赴いて写生に打ち込むうちに意欲を取り戻した。日本美術の研究のためにベルリン美術館のアドルフ・フィッシャーが訪日すると、一八九八年以降には黒田の紹介でフィッシャーに付き添い、半年かけて近畿、九州、北陸などを巡った。

一八九八年五月にはフィッシャーから日本美術の作品目録作成を依頼され、ドイツに渡り、一九〇〇年三月には文部省留学生としてパリに留学し、油絵や装飾美術を学んだ。パリ博覧会には作品を出品し、佳作賞を受けるなど成果を上げている。

心と腕▼▼▼

明治の大画人、橋本雅邦は、弟子に教えるのに、常に、『意到り、筆従う』と云うことでなければならぬ、と云われて、筆先ばかりで心の籠らぬ作品が出来たり、筆が走り過ぎたりすることを深く謦められた。それだけに、雅邦自身も、必ず心持を練って、心持が満ちてからでないと決して筆を執らなかった。又、筆を執っても、極めて遅筆で、苟くもしたと云うような絵は滅多に見られなかった。

それにも拘わらず、雅邦自身は、晩年こんな事を云っていた。

『近頃、私は、どうも、どうかすると手が云うことをきかなくなったりして、困っている。と云うのは、どうも心が疎かになって、筆の方が先に走ってしまうのです。それで、そうならぬ様に、近頃は、左の手に筆を持って描いています。左の手というのは、これまで使わなかったので不自由ですから、心持が十分に到ってからでないと手が動かぬので安心です……。』

（後藤福次郎）

解説

橋本雅邦（一八三五～一九〇八）は、明治時代の日本画家である。天保六年七月二十七日に江戸木挽町で川越藩御用絵師橋本晴園の子として生まれ、幼名を千太郎といった。狩野雅信に入門。フェノロサ、岡倉天心らの鑑画会に参加し、狩野芳崖らと新画風を開拓した。明治二十三年東京美術学校（現東京芸大）初の日本画教授となる。明治三十一年辞職して岡倉天心と共に日本美術院を創立した。明治四十一年一月十三日死去。七十四歳であった。作品には「白雲紅樹図」「童虎図屏風」などがある。

ところで、橋本画伯は、弟子たちに常に「意到り、筆従ふ」といって、絵を描くには、まず心が整わなければならぬ、と教えているのである。

このことについて、似たような体験をしているので、ご披露したい。

私は、加西市の山間にある「古法華」という山中において「磨崖仏」を彫っていた時のことである。地上から約三メートルの所にある岩壁に足場を組んで石仏を彫ろうとした。最初は蠟石で岩面に立ち姿の観音菩薩像を描き、それを彫ろうとしたが、岩が思いの外固くて全く歯が立たない。そこで、半年ぐらい放置し、彫るのを諦めかけていた。橋本画伯のいう「意到る」の状態に達していなかったと思う。

気を取り直し、再び岩面に向うと、岩の中に仏さまが居られるような気がして、「早く石屑を除いて、わしを迎えてくれ」と言っておられるような不思議な感覚を憶えたのである。

それからは一心に金鑿をふるい、春夏秋冬二度繰り返し、三度目の春にようやく「薬師三尊磨崖仏」をお迎えすることが出来たのである。

日本一の人▼▼▼

上原元帥は、吾国工兵の父であり、日本の工兵は上原元帥によって一新されたと云われて居るが、その工兵監時代、検閲に際して平素の蘊蓄が自然発露され、微に入り細に亙って査閲された。

さて、ある年の検閲の際であった。某工兵隊に赴いて、大隊長の某少佐に向ってまで、鹿砦の結び方についいいて質問し、且つそれを実地に結んでみよと命じた。かような事は兵士の作業なので、少佐が面喰っていると、『よし、わしがやって見せる』と云って、自ら麓砦の結び方をやって見せた。検閲後、将兵に対して訓示を与えたが、その際も、『……人は一階から二階へ上がろうとするには一生懸命で苦心努力する。然し二階から三階、三階から四階と上がるにつれて、段々なれてしまって以前の苦心を忘れ、訳もなく十段もとびあがるつもりで、徒に大言壮語する者が多いが、これはいかぬ。一階では一階の最善をを尽す、少尉は少尉の職を完全に果たして、隊中第一の少尉たらん事を期し、更に日本で第一等の少尉たらん事を期し、又更に世界第一等の少尉たらん事を期すべし。三階、五階、……皆然り。而して階段を上がればいつでもその階段第一の人となり得る自信がなければならぬ。これ則ち階段を上がる者の心得である』

と、懇々と部下を訓戒したとの事である。まことに味わうべき言葉ではないか。（三上庸吉）

解説

上原元帥とは、上原勇作（一八五六～一九三三）のことである。明治から昭和時代の陸軍軍人である。上原勇作は、安政三年十一月九日、日向国都城（宮崎県都城市）の鹿児島藩の支藩藩士竜岡資弦の次男に生まれ、のち同藩士上原家を継ぐ。一八七九年（明治十二）陸軍士官学校を卒業した。一八八一年～一八八五年フランスに留学し工兵術を修める。帰国後参謀本部員などを経て、一九〇一年（明治三十四）工兵監となる。日露戦争には第四軍参謀長として参加。男爵を授けられる。一九一二年（大正一）第二次西園寺公望内閣の陸軍大臣となり、二個師団増設を主張し、内閣の緊縮政策と衝突、単独辞任して内閣を倒し、大正政変のきっかけをつくった。その後第三師団長、教育総監を経て一九一五年大将に進み、同年から一九二三年まで参謀総長に在任。一九二一年元帥に列せられ子爵となる。長州閥に対抗して薩摩、九州出身者を中心に後の皇道派につながる巨大な勢力を育成した。昭和八年十一月八日死去。七十八歳であった。

この話の要諦は、人間は多少の格差はあるものの、年月が経てば立場も地位も段々と上に登って行くものであるが、その途中の段階ごとに、最善を尽くし、第一人者となることが肝要であると言っているのである。

ところで、少し話の内容はずれているかもしれないが、こんな話を聞いたことがある。昔、中国に金持ちのどら息子がいて、大工に『三階建の家を建ててくれ』と云ったので、引受けて工事に取り掛かった。先ず基礎を作り、その上に一階部分を建て、二階部分に取りかかろうとしていた時、どら息子が検分にやって来た。どら息子が云うには、「わしは三階だけの家が欲しい。一階も二階も必要ないのだ」と云いました。そこで大工は、三階の家を建てるには、先ず、基礎から始めて一階、二階と進まなければ、三階は出来ない。といっても、分ってもらえなかった。と云うのである。

　子弟の教育もしかり、いきなり難しい問題を教えようとしてもダメで、基本をしっかりと教えたうえで、それを理解させ徐々にレベルを上げて行くようにしなければならない。そうではなく、難しい問題から先に教えようとするのを称して、これを「三階教育」と云うのである。

唯一筋▼▼▼

　何事も傍目をふらず、唯一筋に人各々その本分に精進するのが成功の秘訣である。

　今は独り東京のみならず主要なる都市に竹葉なる鰻の蒲焼屋が繁昌しているように見受けられるが、しかし現在の竹葉には私は何の関係もなく、又どの様な営業をしておられるかそれは知らない。たゞ竹葉の先代の主人とはかなり懇意になって時々色々な話を聞いたことがある。それは主として鰻に関することでもあったが私には竹葉の先代が持っておられた書画骨董に興味をひかれて、それを見せてもらい、又その話を聞くのが楽しみであったのである。殊に抱一などの優秀なものを多く所蔵されていたのである。

　然るに大正十二年のあの大震火災である。京橋の新富町は全部焼けて仕舞った。私の頭に直ちに浮かんだのはあの貴重な美術品はどうなったであろうかということであった。多少は助かったのではあるまいかとも考えた。然るに竹葉の先代主人はその時どうしていたかと云えば営業用の鰻を千住方面に避難させるべく懸命の努力に血みどろで、美術品などには一顧をも与えなかったのである。結果は云うまでもなく美術品は全部烏有《うゆう》に帰して、鰻は助かったのである。しかも鰻は何時でも後から買入れることもできるし、その価格もそう大したものではない。美術品は再びこれを得るに難く、その価格は莫大なるものである。算盤には合わない。

　されどそこが営業である。その先代は営業を至上のものと考えている。その営業の為に一身一家を建て、その貴重なる美術品もその営業の利益より生み出されたものである。全身を営業の為に打ち込んでいるのである。危急の際に於いてもそれは忘れない。こゝにその秘訣がある。

　現にその先代は土用の丑の日にはその営業を休んだ。丑の日は鰻屋のかき入れ日である。大いに営業して大いに儲けんとする日である。然るに平素営業の為に鰻を売り大いに儲けつゝあればせめて丑の日だけでも鰻の生命を延ばしてやろうというのであろう。たとえ論理は徹底しなくとも、営業至上主義、唯その一筋という心掛けそのものである。

（服部文四郎）

解説

この話の要諦は、東京の鰻屋・竹葉の先代主人が、関東大震災の時に、鰻屋としての本分を忘れなかったことである。まず、鰻を千住方面に避難させるべく懸命の努力をした。凡人は、高価な美術品を先に守ろうとするところである。

　凡人は目先の損得勘定を優先するが、営業に徹した主人は、損得抜きでもっと先の先まで見据えていたこと、誠に天晴れと云う外ない。

　執筆者の服部文四郎（一八七八〜一九五五）は、明治〜昭和時代の経済学者である。その経歴は、米国留学後、早稲田大学留学生として英国、フランス、ドイツに渡り、明治四十一年帰国。明治四十二年早大講師、次いで教授となり、貨幣論、金融論、経済原論を担当した。この間昭和二年から同大専門部政経科長となる。昭和二十一年専修大学学監、昭和二十六年千葉商科大学長、二十七年明治学院大初代経済学部長となる。この間、ジャパン・タイムズ社長、東京市場協会理事長となる。著書に「国際貿易と金融」「貨幣論」「貨幣銀行為替論」「日本経済の基礎知識」「貨幣論」「国際金融論」「経済学原論」などがある。

無形の財産▼▼▼

九州の佐藤慶太郎氏と言えば、百万円を寄付して、上野の府美術館を建て、百五十万円を寄付して、駿河台に佐藤新興生活館を建てて、生活改善に乗り出した、あの佐藤翁かと、世間あり来たりのお金持ちとは、一風も二風も変わっている点において、社会から尊敬の眼を以て仰がれている人である。

翁は福岡県遠賀郡折尾町の一部落に、名主さんの長男として生まれたのだが、家庭の事情で翁の父母は若くして家を出られた。その間の赤貧の生活が翁をして、貧乏の味を骨の髄にしみるまで味わった。九つか十の頃は稲の落ち穂を拾い、櫨の実を拾って一家の貧しき生活を助けたとは、翁の折りにふれてよく述懐する処である。

その翁が如何して、二百万円も三百万円も天下に寄付するような身分になったか、それには誠に頭の下がる話がある。

数奇な運命の後、翁は九州若松の石炭商山本周太郎氏に人物を見込まれて、二十五歳より足掛八年間、無報酬でその山本商店の番頭をつとめて、愈々独立する事になった。その時山本氏は、翁のこの八年間の苦労に報いて、出資方を申出たのであるが、翁は、

『八年間奉公させて頂いたお陰で、石炭の見分から、売込、その他業務一切の経験を積ませてもらった。その上に、この信用ある店での永年の奉公で、自分にも信用が付いて来た。この経験と信用との二つの大きな、無形の財産を分けて貰った以上、その上の贈物は受けるわけに行かぬ』

こう言って、折角の山本氏の申出を断って、独立独行で社会の荒波に飛び込んだ。

佐藤翁は人に問われると当時の心境を語ってよく次の如く言う。

『開店当時は事務所は表六畳一間つきり、古テーブル一つ、一個六十銭の籐椅子三つ、小僧一人の貧しい店舗でしたが、八年間の経験と信用とが物を言って呉れました。経験は一切の取引に一つの過誤をも許しません。信用は店が貧弱であるに拘

わらず、三井でも、三菱でも安心して、前金でなく伝票を切って呉れます。荷受けして、海上保険をつける、荷為替をつける、銀行も信用しているし且つ取引先の立派さもあります、安心して為替手形を割引して呉れます。こうして資本金は一文も無くても、私のにらんだ通り商売はどんどん繁昌しました』

この佐藤翁の心と言葉とを、私は、現代青年への私の心からの贈物としたい。

（吉植庄亮）

解説

この話の主人公・佐藤慶太郎とは、どのような人生を送って来たのかを検証してみよう。

佐藤慶太郎（一八六八〜一九四〇）は、筑前国遠賀郡陣原村（現：福岡県北九州市八幡西区陣原）に生まれる。一八八六年（明治十九）、福岡県立英語専修修猷館（現・修猷館高等学校）に入学した。その後、法律家を志し修猷館を中退し、明治法律学校（現・明治大学）に入学した。卒業後、帰郷し筑豊炭田の積出港であった福岡県遠賀郡若松町において石炭商の仕事に従事、独立後に炭鉱経営者として成功を収めた。しかし、持病の胃腸病が悪化したため経営の第一線から退き、一九一一年（大正七）に若松市議会議長に就任した。

第一次世界大戦後の戦後恐慌下、石炭鉱業連合会の設立構想を三井、三菱、古河等の財閥や有力者に熱心に説いてまわり、設立に尽力した。一九二一年（大正十）、連合会設立のために上京した折り、目にした時事新報社説で、東京府美術館（現・東京都美術館）の建設計画が資金難のため頓挫しつつあることを知り、面識があった東京府知事阿部浩に即座に百万円（現在の約三十三億円相当）の寄付を申し出た。これにより、岡倉天心や横山大観らの「美術館が欲しい」という明治以来の日本美術界の悲願が実現することとなった。

一九二二年（大正十一）、三菱鉱業の監査役に就任したのを契機に、事業を人に任せ二十を超える要職から退いた。一九三四年（昭和九）それまで居住していた若松市の邸宅を市に寄付し、温泉地である大分県別府市に移住、晩年を同地で過ごした。なお、若松の旧邸宅敷地は「佐藤公園」として利用され、記念碑ならびに胸像が設置されている。

佐藤は若いころに読んだアメリカの実業家カーネギーの伝記に感銘を受け、カーネギーの言葉「富んだまま死ぬのは不名誉なことだ」を信条としていた。一九三五年（昭和十）、寄付金百五十万円により、財団法人大日本生活協会を設立。衣食住、家庭経済、風俗習慣などの改善研究をやり実験設備として生活訓練所、児童研究所、模範部落建設、教育機関を通じて新生活指導者を育成するほか新興生活実行組合を全国に作るという大掛りな構想を発表した。その拠点として一九三七年（昭和十二）に「佐藤新興生活館」（現・山の上ホテル本館）を建設した。

また、若者には奨学金を提供し、先見性のある医師や社会活動に支援を惜しまず、日本の芸術文化と生活文化の双方に寄与した。その社会奉仕の功績を顕彰し、その精神を未来に継承する芸術文化活動や生活文化活動を奨励しようという「佐藤慶太郎顕彰会」が斎藤泰嘉筑波大学教授らにより設立されている。

拳骨で談判

山本条太郎氏は頭脳明晰、剛毅果敢な人であった。大臣にこそならなかったが、実力に於いては確かに大臣以上の人物だと、その人格力量を知悉している人々の間に言われている。

山本氏がまだ満鉄の総裁であった頃のことである。豪胆にして細密なる氏の一面を現した興味深い一逸話が伝えられている。

当時満鉄は張作霖から電柱を取らねばならぬことになっていて、総裁の山本氏がその談判を開始した。この電柱譲渡問題は満鉄で前々からの懸案になっていたのであるが、対手の張作霖がなかなか『うん』と云わないので、歴代の満鉄総裁がいずれも頭を悩ましていた問題である。

張作霖と種々打合せを行った結果、遂に談判の日取りもきまった。愈々当日になると、脅しの利くようにと云うので、特別列車を仕立てて多くの随員と共に乗込み、堂々と談判に行った。

張作霖の邸宅に到着すると、やがて一行は一つの広間に通された。待つこと暫くして従者をしたがえた張作霖が現れた。

双方の間の挨拶も終え、席も定まって着席するや否や、山本氏は矢庭に固く握った拳骨を相対して坐っている張作霖の胸元近く突き出した。予期しない突発的な出来事に、流石の張作霖も狼狽して、サッと面を曇らせたが、そこは老練な彼、間もなく平静に復し、面上にかすかな微笑さえ湛えながら静かに口を開いた。

『山本さん、それは何ですか』

一同はどうなることかと固唾を呑んで、二人を凝視していた。張の問いに対して山本氏が何と答えるだろうかと、一同の注意は、今度は山本氏に向けられた。

拳骨を突出した儘の姿勢でいる山本氏の口から出た言葉は、一同の予想に反して次の如きものであった。


『これはジャンケンですよ。凡そ電柱をよこせ、よっこさないなんて云う問題は、堅苦しい談判なんかをやってきめるべきものではないと思います。子供のやるジャンケンでやろうじゃありませんか。貴下と私でやって、私が勝ったら電柱を私が一本貰う。次に貴下が勝ったら一本お返しする。こう云う風にしてこの問題をかたづけようではありませんか』

この言葉をきいた張作霖は、急に顔を和らげ、如何にも感じ入ったと云う面持で、

『いや、もうそんな事をする必要はありません。電柱は一本残らず貴下の方に差上げます』

と云ったのである。

かくて四千本の電柱は山本条太郎氏の胆略と機智とによって、難なく、実に簡単に満鉄の手に帰し、多年の癌も一挙にして解決したのである。


（秋山　襄）

解説

この話の主役の一人・山本条太郎（一八六七～

一九三六）は、明治・大正・昭和期の実業家であり政治家である。慶応三年十一月十一日福井県に生まれる。三井物産に入社して中国貿易を担当し、一九〇一年（明治三十四）上海支店長となり在華紡績を確立した。一九〇八年（明治四十一）本社理事に栄進。孫文の要求に応じ三百万円の借款を供与するなど中国政策に関与したが、シーメンス事件（ドイツのシーメンス社の日本海軍高官に対する贈賄事件）に連坐して退社する。一九二〇年（大正九）衆議院議員に当選、一九二七年（昭和二）政友会幹事長、ついで満鉄総裁となり、張作霖と満蒙五鉄道建設を協定し満蒙問題解決を図ったが、張作霖爆死事件（一九二八年）で挫折した。田中内閣総辞職後は満鉄総裁を辞任して挙国一致内閣運動を推進した。一九三五年貴族院議員に勅選。昭和十一年三月二十五日死去。七十歳であった。

もう一人の主役・張作霖（一八七五〜一九二八）は、中華民国初期の軍閥政治家である。北洋軍閥の流れを汲む奉天派の総帥として満州の統治者であったが、一九二八年六月四日、北京から奉天への帰途に、日本の関東軍参謀河本大作大佐の謀略により爆殺された。

ところで、歴史上有名な「談判」といえば、幕末の「江戸城無血開城」を思い出すのである。

慶応四年（一八六八）、西郷隆盛率いる官軍は三月十五日を江戸城総攻撃と決めていた。これに対し幕臣派は、勝海舟が何とか主家が立ち行く道が無いものかと、その手立てを模索していた。そこで西郷とは旧知の勝は、旗本の山岡鉄太郎（鉄舟）に西郷への手紙を託し、交渉に当たらせた。山岡は低い地位の旗本であったが、剣道に達し、禅の修行をつんだすこぶる気骨のある人物であった。

この手紙の内容は要約すると、「もし官軍が江戸を攻撃すれば、いかなる大変がおこるかもわからないことを強調し、西郷君よ、ここを察せよ」というだけで、一言も徳川家をたすけてくれとはいわない、まことに相手をよく知りぬいた高度の政治的英知の結晶である。さらに手紙の趣旨を山岡がくわしくのべた。西郷はただちにその意味を深く察した。山岡をしばらく待たせて参謀会議を

開き、大総督の承認をえて、慶喜謝罪の七条件を山岡に示した。その七条件とは、

第一、慶喜を備前藩にあずける。第二、江戸城明け渡し。第三、第四、軍艦と兵器いっさいを引き渡す。第五、城内居住の家臣は向島へ移り、謹慎する。第六、慶喜の妄動をたすけた者の謝罪の道をたてる。第七、幕府で鎮撫しきれず暴挙する者があれば、その者のみを官軍が鎮定する。以上の七条が実行されるなら、徳川家存続は寛大に処置する。

山岡は第二条以下は即座に承服したが、第一条には断固反対した。西郷もまた一歩も譲らず、両者激論した。その間に西郷は山岡の誠意に感動させられた。やがて西郷は、慶喜のことはわたくしが一身に引き受けると答えた。山岡は感謝して、西郷から官軍陣営通行証をもらって早々に帰った。

西郷は三月十三日に江戸高輪の薩摩邸に入った。勝は直ちに西郷を訪問し、互いに知己同士の久しぶりの挨拶をかわした後、一朝不測の変があれば静寛院宮の安全をどうするか、よく考えられたい、後は明日談判しようとだけいって帰った。翌十四日、両者はふたたび会談、勝のほうから、西郷が山岡に持たせた七条件につき、第一条の慶喜を備前藩にあずけるのを、水戸に引退して謹慎するとあらためたほかは、ほとんど大差ない七条件をだした。西郷はそれに同意し、大総督のゆるしをうけようと答えた。

西郷はそこですぐ駿府に使者をだし、翌日にせまった江戸城進撃の中止を命じさせた。使者のでたあと、西郷と勝はなにごともなかったかのように、久しぶりに会った友人同士の話に時を移した。

一か月前には慶喜の死罪を強調していた西郷が、どうしてこんなに急に変ったのだろうか。これを西郷と山岡および勝との間の、英雄と英雄が肝胆相照らしたということで説明するのは、文学的ではあっても歴史学的とはいえない。むろん西郷は、勝がその七条件を実行する誠意と力量手腕のあることを信頼してはいただろう。要するに

ところが大きいし、それがすべてであると思うのである。

「談判」の成否は、双方の「誠意と信頼」に帰する

本位ちがい▼▼▼

『金森さん、電燈があかる過ぎますね。不経済ではありませんか！』

広い、長い廊下、煌々と輝きわたる電燈の下に立って金森執事を静かにたしなめる人は、この高楼を主宰するサク子夫人であります。

金森氏は低く頭は垂れているもの丶、胸中成竹を蔵しておりますので、響きに応ずるように答えました。

『奥さま、当邸の電燈料金は燈類の関係から最低料金が月額百三十六円余ときめられております』

金森氏は言葉を此処まで進めて、徐に一呼吸のみました。何と豪勢な電燈料ぞや！　である。田町御殿と呼ばれる大浅野邸の最低電燈料は、我等の全生活費よりも遥かに大である。

『秋から冬にかけては勿論損はないのでありますが、近頃のように夜の短い時に於ける実際の消費料は最低料金の半額にも達しません。これは余りに勿体ないと思いますので、余り必要はありませんが、全部点燈させております』

なるほど筋の立った弁明であります。六七十円の物しか使わずに百三十六円もの支払いをする。勿体なさすぎるといわなければなりません。

しかし、サク子夫人は申されました。

『金森さん、それは少しお考えがちがってやしませんか？　なるほど毎月六七十円のお金を無駄に払う――不経済といえば不経済でしょうが、さりとて必要のないのに貴重な物を無益に使い捨てるというのは如何でしょう？　それは浅野を本位とすればあなたのお考えが本当かも知れませんが、お国を本位にして考え直すとあなたのお考えが間違っているように思えますが、どんなものでしょう？　私は始終お国の経済と個人の経済を一致させたいと考えて、無い知恵を絞っておるんですから、あなたもこの点はよく了解して下さいね！』

何と高い見識！　何と尊いお心がけ！　さすが大浅野総一郎夫人！——金森氏の頭は、こんどこそ心から低く低く下りました。

（三浦楽堂）

解説

浅野総一郎（一八四八〜一九三〇）は、浅野財閥の創始者である。一八四八年（嘉永元）三月十日越中国藪田（現富山県氷見市）に生まれ、明治六年横浜で新炭・石炭販売店をひらく。明治十七年渋沢栄一の助力で官営深川セメント工場の払い下げをうけ、浅野セメント（のち日本セメント）として発展させる。安田善次郎の資金援助をうけて海運、鉱山、造船、鉄鋼、電力など多角的に事業を展開し、一代で浅野財閥を築いた。昭和五年十一月九日死去。八十三歳であった。

この話の主人公・浅野サク子（一八五七〜一九二七）は、総一郎の妻である。夫・総一郎の出世の蔭には、妻・サク子の献身的な内助の功があったからであるといっても過言ではない。

ところで、「内助の功」と云えば、山内一豊の妻・千代を思い出すのである。

まだ、一豊が織田家の一家臣でしかなかった頃、近く馬揃えがあった。馬揃えとは、近く行われる戦の前に、馬を一堂に集めてその検分をするもの。その頃来た馬売りが連れてきた駿馬を見て、欲しいと思ったが金がない。それをみかねた妻・千代は夫に何かあったらと父から嫁入りの時に渡された十両を一豊に渡した。そして、一豊はその十両でその馬を買った。その見事な馬は信長の目をひき、関心も得たのである。

時代はくだり、秀吉の没後、権力争いの動きが見え始め、再び戦乱の世へと傾いていた。一豊は早くから家康に対して忠誠を見せていた。関ヶ原の戦の前には、大坂にいる千代は、石田三成の監視下に置かれながらも夫・一豊に豊臣側の情報を送っていた。一豊は千代から自分はどうなってもいいから、家康に忠義をつくしなさいという内容の密書を受け取る。千代はその密書を開封せずに家康に渡す事を言い付ける。一豊はその千代の言葉通り、開封することなく家康に密書を渡し、自分の忠義を示したのである。この二つの逸話は有名で、千代の内助の功によって一豊が出世できたとも言われる所以である。

人前で叱言を言わぬ

榎本武揚が逓信大臣であった当時、一日清水次郎長を訪ねていろいろ話の際、

『自分は今大臣として四百人ばかりの役人を使っているが、なかなか思うように行かぬ。お前は昔五千人の子分を手足のように使ったと云うが、これは何か秘訣があろう』

と問うた。

次郎長は答えて、

『そんな秘訣なんかはございません』

『しかし、子分がお前の顎の動かし方一つで自由になるのは、何か日頃の心得方があるであろうと思うが……』

『左様でござんすね、別に何もございませんが、只私はどんなつまらねぇ野郎でも、他人の前では決して叱言を言ったことがございません』

（荒川五郎）

解説

清水次郎長（一八二〇～一八九三）は、江戸後期の博徒で本名を山本長五郎という。駿河国有渡郡清水港美濃輪（現・静岡県清水区美濃輪町）の船持船頭高木三寿郎の子として生まれる。生後まもなく叔父の米穀商「甲田屋」山本次郎八の養子となる。通称次郎長は次郎八方の長五郎で、相続人の意である。幼くして悪党の評があり、家業のかたわら博打に手を出し、賭場に出入りするようになる。一八四二年（天保十三）賭場のもつれから博徒に重傷を負わせて他国に逃げ、無宿渡世に入る。以後清水に戻ったのちも、喧嘩、博打で次郎長一家の名をあげ、黒駒勝蔵、江尻熊五郎らを抑えて四百人余りの博徒の盟主になったと伝えられる。

後代仁侠の徒として神田伯山、広沢虎造らにより講談、浪曲の世界でもてはやされたのは、次郎長の養子天田五郎（愚庵）が『東海遊侠伝』

（一八八四）を刊行したからである。

もっとも、一八六八年（明治元）東海道総督府判事・伏谷如水から旧悪を許され帯刀の特権を得、新政府の東海道探索方を命じられてからは、囚人を使役して富士の裾野を開墾したり、汽船を建造して清水港発展の糸口をつけたり、その社会活動は精力的でみるべきものが多い。明治二十六年病死、葬式には千人前後の子分が参列したという。静岡市の梅蔭寺に墓がある。

なお、本文の中で、榎本武楊が「子分五千人」と云っているのは、執筆者の誇張であると思われる。

人知れぬ努力▼▼▼

大阪市西区立売堀に津田商店という、大坂で一流の鉄商がある。当主の勝五郎氏は二代目ですが、先代の勝五郎翁はなかなか確りした人物でした。

翁は伊予、松山市の生まれで、二十五歳までは郷里で、鶏卵売りをしたり、木こりをしたりしていたのであるが、二十六歳になってから志を立て、上京。当時、京橋区築地三十間堀にあった、川崎正蔵氏の西洋船具店へ、小僧として住み込ました。

その時、翁は、『自分は、二十六歳の小僧であるから、十九や二十の小僧さんと同じであってはならない』と考え、昼間人一倍精出して働くのみか、夜分皆が寝て仕舞ってから又起きて店内の商品を一々調べました。例えばこのワイヤーは一体何本の針金から成立しているか知らんと、一々調べました。そしてそれを克明に手帳へつけ込みました。

翌日店へ一人の外人が買物に来て、

『このワイヤーは何本の針金で出来ているか知らん』

と問いました。主人も番頭も知らず、誰も知らなかった。然るに翁は三百五十本と明白に答えました。皆が驚いて調べて見た所果してその通りでした。

外人の帰って後、主人は翁を呼び、

『お前はどうしてアンナことまで知っていたのか』

と尋ねました。翁は夜分皆が寝てから又起きて、店内の品物を一々調べつつ、ある次第を物語りました。

主人はこれを聞いて非常に感心し、後に神戸に川崎造船所を創立するや、翁を抜擢して、一躍、倉庫課長兼調度購買係たらしめました。

造船所に倉庫課長として勤務中、翁は造船所へ出入りする外人に信用されて、協同で大阪に鉄の商店を起こしました。この商店が後に発展して津田商店となったものであります。

この物語りから『人知れぬ努力には、必ず報いられる日はあるものであること』を、学ぶことが出来ます。

（西川光二郎）

解説

この話の主人公・津田勝五郎という人は、伊予松山生まれで、二十五歳まで、田舎で卵を売ったり、木こりをしていた。ところが二十六歳になって志を立てて上京し、川崎造船所の創業者である川崎正蔵のもとで修行したのち独立し、鉄商として一代をなした。修行中の人知れぬ努力については、本文に述べられているとおりである。

ところで、昔神戸にある中堅の某建設会社の社長から聞いた話である。『私と家内は四国の愛媛県の片田舎から大阪にやってまいりました。初めは中小企業の下請けのような仕事をしておりましたが、「人並に働いていたのでは、食べて行くのが精いっぱい」と思い、夫婦二人して、人の二倍働きました。その努力の甲斐あって、少しづつ資金も貯まってきましたので、それを元手にして会社を創業し、建築業をはじめました。今振り返ってみると、大阪に出て来た頃の「人知れぬ苦労」が実を結んだとしみじみ感じています』と述懐されていたのを思い出す。

商船学校の精神教育

英国ロンドンのテームス河口にウオースターの商船学校というのがあります。これは東郷元帥がかって勉強された学校です。校舎はウオースターという軍艦で、五十門の大砲を積める木造の帆前船でしたが、その後その艦が古くなりましたので、更に千八百七十六年（明治九年）に、もっと大きな四千八百トンばかりの木造の戦闘艦、フレデリック・ウイリアム号というのを払い下げて、それに取替えたのです。けれども依然として初代のウオースターと称しているのです。

明治三十二年に私どもの恩師である、東京商船学校の高柳教授が洋行して、その学校へ視察に行ったのです。そうして其処の校長兼艦長のベーカー大尉に面会した。これは予備の海軍大尉で、その学校の出身者です。

『日本から専門の海軍教育家が見に来たのは君が初めてだが、何を見に来たか』

『私はウオースターの商船学校そのものを見学に来たんだ』

『そうか、それなら学校の組織とかそういうものは、書いてあるものを見れば分る。一体ウオースターはこういう風な教育をしているという実際をお目に掛けよう。先ず此方へ来給え』

というので、艦長の部屋へ連れて行った。

どの艦にも艦長の部屋には顔を洗う洗面台があります。ベーカー艦長は洗面台の所へ行って、硝子のコップを一つ取り、そのコップをポケットへ入れた。それから其処にあった龕燈《がんとう》提灯《ちょうちん》のような物に灯を点けて、此方へ来給えと艦の中へ連れて行った。

何処へ連れて行くかと思ってついて行くと、幾つもの階段を降りて段々下に行き、遂に木造艦のどん底へ達した。艦の一番下には、ちょうど普通の家の下水みたいな、上甲板から来る雨水や船底から浸み込む汚水が溜るところが出来ている、そこの蓋を開けました、その水をいまのコップに汲み、『さァ』というのでまた甲板へ上って来て、それを太陽の光に照らして見せながら、

『これがウオースターの教育だ、飲めば飲めるくらいの水で、塵芥一つないだろう、これがウオースターの教育だ』

まるで禅問答のような話ですが、そう言って示された。

高柳教授は非常な感銘を受けて、なるほどこういう風な徹底的な教育を受けているところから、英国に偉い名士が輩出するのだろう、そういう風に感じたというのです。現在はどうだか知りませんが、少なくもその時代の英国はそういう主義の教育をやっておった。東郷さんも昔其処でそういう風な教育を受けた訳です。

それについて東郷さんのことを思い出すのです。支那の北洋艦隊が日清戦争前に日本へ来訪しまして、所謂示威運動をやった。長崎や横浜その他諸方を、定遠、鎮遠などが来て、盛んに日本を威嚇し暴れて歩いたことがある。当時の日本の海軍の勢力は御存知の通り貧弱なものであった。ところが東郷さんが度々鳥打帽子か何か被った平服で、定遠、鎮遠を見物人に混っては始終見に行った。

ある時、東郷さんが定遠を見学していると、大砲の砲身に支那の水平が洗濯をしたズボンを引掛けて干していた。それを東郷さんが見て、にっこり笑って、

『もう大丈夫だ、支那の艦隊は何時でも潰すことが出来る』

と言われたそうです。

ウオースターで育った東郷さんがそういうことを言われたということを、私ども書物で見て、なるほどと思ったのです。

ベーカー艦長がコップの水に塵芥一つ無いと言ったということを、もう少し詳しく説明すれば、つまり徹底的に掃除がしてあるということです。

例えば普通の家でお客様を御案内するのに、『此処へいらっしゃい』と言って、台所へ連れって行って、台所の縁の下の揚板を上げて見て、其処に塵一つ無い家がある。それと同じ意味に於いて、艦の一番穢い所、それがお客さんに見せられるほど綺麗なんです。

他所の家へ行って夜具をみんな出して、夜具棚の隅に埃一つありませんという家があるでしょう、それと同じです。ですからこれは或は陸の人には解らないかも知れないが、吾々船員《ふなのり》としては一寸出来ないことです。それは骨身を惜しまず訓練をさせ、徹底的に掃除が出来ている。それが精神教育です。東京等で見ると、東京駅の後の河があんなに穢くなっているのは、それと反対です。

ベルギーの商船学校の練習船がビスケー湾に於て原因不明で沈没したことがあります。その原因を調べて見ると、船の中に浸入してくる水をポンプで掻き出しているうち、船底に塵芥の混った穢水が溜っていたため、途中でポンプが利かなくなり遂に沈没の憂目を見たと云うのであります。

ですからこれは陸の人にはピンと来ないかも知れませんが、吾々にはピンと来る非常に面白い話なのです。

（須川邦彦）

解説

この文章を読んでいて、広島県・江田島の海軍兵学校の事を思い出す。私は昭和五十八年ごろ、旧海軍兵学校跡にある海上自衛隊第一術科学校と幹部候補生学校を訪問視察したことがある。

その時の感想は後で述べるとして、旧海軍兵学校とはどのような施設であったかを見てみたい。

ここは、一八七六年（明治九）に海軍兵学校として大日本帝国海軍の将校たる士官の養成を目的として創設されたものであるが、終戦後一九五六年（昭和三十一）以降は、海上自衛隊第一術科学校および幹部候補生学校として存続しており、明治時代の赤煉瓦の校舎や大講堂、教育参考館などが残されている。

海軍兵学校時代の生徒教育の中で特筆すべきものが二つある。一つは、当時、陸軍士官学校が英語教育を廃止し入試科目から外すと、海軍兵学校もこれにならうべきだという声が強くなった。この時、井上成美校長は、『いやしくも世界を相手にする海軍士官が、英語を知らぬで良いということはあり得ない。英語が今日世界の公用語として使われているのは好む好まないに拘わらず明らかな事実であり、事実は素直に認めなければならぬ。私が校長である限り英語の廃止などということは絶対に認めない』として、兵学校の英語教育は続けられたのである。

二つは、「海軍五省」の制定である。
一、至誠に悖るなかりしか
一、言行に恥づるなかりしか
一、気力に欠くるなかりしか
一、努力に憾みなかりしか
一、不精に亘るなかりしか

これは松下元校長が考案されたもので、兵学校の精神を代表するものとして名高い。諸外国の軍人をも感動させたと云われる。戦後海上自衛隊にも引き継がれている。

とは言えこの五省は、これをどの程度重視したかは当時の校長や教官の姿勢にも左右されており(永野修身校長の時代には重視されず、唱和されなかったという証言もある)、常に重んじられていたわけではないらしい。また、古参の海軍軍人の中には、文語調箇条書きの五省を生徒に唱えさせることについては、帝国軍人の伝統になじまないとして不快感を表明する者も少なからず存在していたらしい。

話をもとに戻そう。海上自衛隊第一術科学校と幹部候補生学校訪問時の感想であるが、事前にアポイントを取っていたので、定刻に到着すると案内の教官が迎えてくれた。双方挨拶のあと、まず術科学校の総務部長・鈴木信吉一等海佐、続いて幹部候補生学校の教育部長・白石洋介一等海佐にそれぞれ案内された。表敬の趣旨などを説明して、お世話になる旨を述べて退室した。

あとは案内教官の誘導に従って校内を見せて貰った。赤煉瓦の校舎(元海軍兵学校生徒館・この建物に使っている赤煉瓦は、イギリスから一個々々紙に包んで運んできたもの)、大講堂、教育参考館などを見学して回りました。当時その規模では、イギリスの王立海軍兵学校、アメリカの合衆国海軍兵学校とともに、世界三大士官学校のひとつにも数えられていただけあって、威風堂々とした姿には感動した。

また、案内教官の話では、校庭には樹齢何百年という立派な松の木が沢山並んでいるのは、歴代の校長並びに教官そして生徒たちが一丸となって守ってきたからである。特に歴代の校長が赴任する際には必ず上司から『校長の役目の第一は、あの立派な松を枯らしてはならぬ』というのが、不文律となっている、とのことであった。また、校内を見て感じたことは、チリ一つなく、きびきびとした動作で行動する自衛官や学生は見ていても気持ちの良いものである。当校では自衛官本来の術技訓練や学問の外に、徹底した精神教育が施されていることを実感した次第である。

信ずればこそ▼▼▼

米国の上院議員で百万長者のジェームス・クーザンも、三十六年前には、ヘンリー・フォードの下に使われる速記者として実社会への第一歩を踏み出した。

今でこそ世界の自動車王といわれるフォードも当時はまだ試錬時代にあって、微々たる自動車会社の無名な一主任に過ぎなかったが、しかし、速記者クーザンは、自分の雇い主であるフォードの人間的価値を正しく理解し、且つ信頼した。

で、自分の全財産九百ドルを雇主に提供して援助した。実際、慧眼にして信念厚きクーザンは、フォードの大を成す日を堅く信じていたので、機会のある毎に百ドルづつ他から借金して来てはフォード商会へ注ぎ込み、ついにその株の持高を二千五百ドル相当の額にまで増して行った。その借金というのは、株で借りたものもあるし、時にはロゼッタ・ハウス夫人から借り受けたこともあったが、夫人には、フォードの株券一枚で返済した。

『クーザンなんてペテン師の口車に乗るものじゃありませんよ』

と、忠告する者もあったが、ハウス夫人はクーザンがフォードの人格とその大成を信じていたと同じように、クーザンを信じていたので、傍の目には海のものとも山のものとも知れぬフォードの株券を、貸金の代りに喜んで受けたのであった。が、その結果はどうなったであろう。

ついに幸運は彼等を訪れた。信じたればこそ！だ。ハウス夫人はたった一株のフォード株を、後になって二十四万五千ドルで売った。

クーザンに至っては、最初の投資から生じた利益配当による富の高は、その同じ年に於て、実に二億ドルを下らないであろうと言われたのである。

（大木惇夫）

解説

フォード社の歴史の中にこんなことが書いてある。

フォードがいなかったらフォード車は生まれなかっただろう。だが、フォード社もジェームズ・クーザンがいなかったら、フォード車を造り続けることはできなかっただろう。彼は予算統制をし、販売組織をつくり、事業活動の路線をしいたのである。彼はフォードや製造部門の尻を叩いて大衆の要求に合った車をつくらせた。彼は設備の拡張を叫んで工場を移転させた。会社の誰もが彼のこの時期の推進力を認めていた。ヘンリー・フォード（創業者）ももちろんである。

この話の中にあるロゼッタ・ハウス夫人もまた、両人を信じ、その将来性を見極める力が備わっていたと云うべきである。

手が承知せぬ

徳川の末期の話です。

ある大和船が大阪から米を積んで江戸へ運んで来る途中に、遠州灘で非常な時化《しけ》に遭った。そうしてどんどん沖の方へ数日間吹流されて、帆は破れるし、帆柱は途中から折れるというので、惨憺たる有様であった。

幾日も幾日も漂流的航海をした。やっと時化が凪いだので、帆柱の修繕をし、破れた帆を直して、さてこれから本国へ帰ろうということになった。

その時に船頭がみんなを集めて、

『さて、時化も凪いでみんな助かった、これから帰らなければならぬ。こんなに流されてしまったが、私は風の方向からいろいろ考えてみると、どうも八丈島か小笠原の方へ流されているのだと思う。だから小笠原の方向に流されたとして、これから針筋を決めて行こうと思うが、みんなに意見があるか』

と聞いた。乗組員や水夫や舵手《かじとり》一同は、

『それは親方船頭がそういう風に仰有《おっしゃる》のだから、御尤もだ、私達もどうもそういう風に思う』

と言う。

当時は言うまでもなく航海術は発達していないから、親方船頭の見込みがそうなら、そのように針を決めようということになった。

ところがその時に末座から老人の炊夫《かしき》（飯炊き）が恐る恐る出て来て言うには、

『炊夫風情の私が船頭衆の御意見に対して、彼れ此れ言う筋合いではありません。しかしこれは乗組員一同の運命に関する事だから、一言私の意見も聞いて貰いたい。

いま親方船頭その他の方々の話に依ると、八丈島からずっと小笠原の方だという話だけれども、私はそうは思わない。船は北前の方へ寄っている。少なくとも金華山沖だと思います。突飛もなく位置が違うようですが、しかしあなた方も御存じの通り、私は鼻たれ小僧の時分から船に乗って炊夫ばかりやっています。三度三度のお茶碗や飯櫃の洗い拭き、飯炊き、其処らの雑巾がけ、そんな事ばかりやっています。

船員ではないけれども、鼻たれ小僧からこの白髪頭になるまで永年の間、諸々方々航海して歩いて、一日に何遍となく海の水を汲み込んではその中に手を突込んで来ました。だからどんな暗い晩でも水を汲んで、その水に手を突込んで見れば、これは何処の水だということが私の手に分ります。どうもこの二、三日この方、私の手の感じが北前の水だ、そんな小笠原や八丈島の水ではない。どうしても金華山の沖の方の水に相違ありません。私の手が承知しません。だから甚だ申し訳ないけれども、私は船頭衆の意見に反対です。確かに金華山沖だと思います』

と言った。

なるほどそう言われてみれば、その炊夫の老人は、何時でも冗談半分に、ここは何処の沖と言うと決して間違いない。

それじゃ炊夫の言う通り、ここは確かに金華山沖だろうというので、それから針筋を決めて来たところが、幾日かして山が見えた。それが金華山だったという。

これは尊い実地の経験として立派な話だと思うのです。それにつけても思い当たることは、色などを見たり、鉄の溶け具合などを覗いて見るのに、いろいろ機械などもあるけれども、やはり人間の眼で見るのが確かだそうです。

尊い実地の経験としてこの炊夫の話なども、聞く人に依っては面白い話だろうと思うのです。

大和船というのは昔言った何石積という日本の帆船で、多いので十二、三人乗です。親方船頭を始めとして舵取り、水夫、ずっと順序があって、一番終いに猫が這入る、炊夫は猫の次です。三毛猫の牡などは大切にするもので、その猫より下ですから、炊夫という者は一番身分の低い者です。しかし、如何に身分は低くても、その腕が承知しないという、人間もこれくらい徹底したらよいと思うのです。

（須川邦彦）

解説

帆船の乗組員のなかでは猫より身分が低いと云いながら、大和船の遭難位地を正確に確定した炊夫の手は、まさに「神の手」を持っていたことになると思うのである。

「神の手」と云えば、真っ先に思い出すのは、人道的見地から外務省の意向に逆らって、第二次世界大戦中のリトアニアで、ナチスの迫害を逃れて来たユダヤ人に対して、日本通過ビザを発給し約六千人もの命を救ったとされる外交官の杉原千畝のことである。

杉原千畝（一九〇〇～一九八六）は岐阜県八百津町で生まれ、早稲田大学高等師範部英語科を中退後、外務省の官費留学生として満州のハルピンでロシア語を学んだ後、同省に採用される。満州、フィンランドなどでの勤務を経て、一九三九年にリトアニアの日本領事館に領事代理として赴任した。「命のビザ」を発給したのは、一九四〇年夏である。ポーランドを追われて来た大勢のユダヤ人避難民が、ソ連・日本を経由して第三国に移住しようと日本通過ビザを求めて来た。杉原は要件を満たさないユダヤ人避難民にも人道上ビザの発給を認めるよう外務省に願い出たが認められず、悩んだ末に独断で発給を決断し、領事館は既に閉館が決まっていたが、出国直前までの約一ヵ月間、発給を続けたと云う。この「命のビザ」の発給は手書きで行ったと云う、まさにこれは「神の手」と云うべきである。

汽車弁の空箱

金原明善翁の事について非常に感じている事があります。

金原明善と言えば有名な静岡の治山治水をやった功労者で、実業界に於ても相当成功した人であります。あの人は何時も郷里から東京へ上京をしたり、また旅行をされる時に、汽車のお弁当を食べると、必ず余った弁当を常に仕舞って風呂敷へ包む。それから土瓶を綺麗に拭いて、やはり風呂敷に包んで、鞄の中に入れて持って帰られる。御飯も一粒も余さぬように綺麗に食べられることもあるそうですが、箱はちゃんと持って帰られる。それを随行している若い連中が見て、非常に恥ずかしく思い、

『どうもうちの銀行の頭取が（金原銀行というのが出来ておりました）汽車の中で弁当を食って、その余りを風呂敷に包んだり、土瓶を鞄の中に入れるのを見ると、ハラハラする』と言っておった。

ところがそれを金原翁が聞かれまして、ハアそうか、そんな事を言っている者があるかというので、ある時にその人を呼び出して、

『君、気の毒だけれども今日限り暇をあげます』

と言ったところが、その人がびっくりして、呆

然自失したような顔付きをした。

『どうだ、私が辞めてくれと言ったが、君はまだ自分では働けると思うのに大変遺憾だと思うているか』

『その通りです。私に何か悪いところがあったんでございましょうか。私は力が足りなくて御用に立たないのでしょうか』

『君は自分で用に立つと思うのか』

『まだ私は年齢《とし》も若いし、御用に立つ心算《つもり》であります』

『そうだろう、私が何時も汽車の中で弁当の余ったのを仕舞い、土瓶を仕舞うと、他人がそれを見てケチな奴だと笑うそうだけれども、あの弁当の御飯なり、あの折板なり、あの土瓶なりを汽車の中で捨ててしまったら、あれ達が泣くんだ、「まだ私は御用に立つんだ、どうも非道い人だ、俺を捨てて毀してしまう」といって、あの米に霊があり、土瓶に霊があれば泣くんだ。

君と同じことだ、働けるのに辞めろと言われると泣くんだ。前途のあるものを捨ててしまえば泣くんだ。解ったか。解りさえすれば必ずしも辞めなくても宜い。お前は、私が弁当を始末したり、土瓶を持って来るのを、大変気に病んでいるそうだが、お前に一つ戒めをしようと思って言ったんだ。それに気が付くなら宜しい』

と言われた。それからその人は非常に感奮をして能く働いたという話があります。

金原翁はそのお弁当を食べたあとの箱を、綺麗に洗って乾かして取って置き、土瓶も綺麗にして沢山取って置いて、園遊会をやるときにそれにお弁当を入れ、土瓶を使ったそうです。

翁から訓戒《いましめ》られた青年は金原主義の非常な禮讃《らいさん》者《しゃ》になって、翁の事業を大いに助けたという話でありますが、これ等も現在の若い人に非常に為になる話ではないかと思う。

利用の出来る物を、人目だけを恥ずかしいとか何とか言って、パッパッと捨て去ってしまうというようなことは、翁のやり方を見て自粛自戒をしなくてはならぬ。殊に、今日の時局下に於いては、銃後の国民として、この翁の心懸けが国民一般に必要であるのではないかと思うのです。

（鶴見左吉雄）

解説

この話の要諦は、金原明善翁が自分の節約行為を批判する者に対し、その誤った考えを正そうとして、その者の心情を傷つけることなく、粋な計らいにより善導したものである。

金原明善（一八三二～一九二三）は、明治・大正期の実業家、社会事業家である。静岡県に生まれ、小さいときから時間をむだにすごすのがきらいで、『弥一郎（明善の幼名）のふところ手を見たことがない』と人々から云われるほど勤勉な少年であった。明善は九十一歳でなくなるまで『私はむだなことに一時間もついやしたことはなく、百文の金もむだに使ったことがない』と人に語っていた。村の人たちを指導して養蚕や植林や牧畜をすすめ、また家の全財産を投じて天竜川の改修を完成した。政府から贈られた賞金もすべて社会事業に寄付した。のち村長をつとめ、天竜木材会社を設立して天竜川の資源を開発した。また、済生会に財産を寄付するなど、一生を社会事業につくした。

執筆者の鶴見左吉雄（一八七三～一九四六）は、日本の農商務官僚及び実業家である。富山県出身で、東京帝国大学政治科を卒業し、高等文官試験に合格した。内務省に入り、岩手県参事官、兵庫県参事官、三重県内務部長を歴任した。その後、農商務書記官に転じ、外務書記官・製鉄所参事を兼ね、一九一七年（大正六）に水産局長に就任した。その後、山林局長、商務局長を経て、農商務次官に就任し、一九二四年（大正十三）退官した後は一九二七年（昭和二）東京モスリン紡織株式会社（のち大東紡織株式会社に改称）社長を努めた。その他、日本石油株式会社取締役、帝国発明協会会長、商業組合中央会会長など、多くの役職を歴任した。

無言の化導

便所の草履の乱雑なのは好ましいものではな

い。殊に清潔と秩序を重んじる病院のようなところでは――。

院長は、いつも苦々しい気持ちで、その踏み散らかしたような有様を見て通った。

ところが、ある時その草履が、見違えるほどキチンと取り揃えてある事に気がついた。それから、時々、そうなっていることを見かけるようになった。奇特なものもあるものだ。誰のしわざかと、それとなく注意を払っていると、わかることはわかったが、相手の意外なのに驚いた。

当時、京都大徳寺の住職、佐賀慶順禅師が、病を得て入院加療しておられたが、病状が面白からず、余命幾何もないと云われていた。でも、禅師は床上で用を便ずることをいとわれて、杖にすがっては、便所へ通われた。その、気息奄々《きそくえんえん》たる重症患者が、帰りには、必ず身をこごめて、脱ぎ散らかしてある草履を拾い集め、整然と取り揃えてゆかれるのだった。

院長が、恐縮したことは云うまでもない。

いつか、その噂が病院中にひろまって、以後、便所の草履は、一言の戒めもないままに、キチンと揃えて脱がれるようになった。

（千葉省三）

解説

さすがに、慶順禅師は学問的に仏教を習得されたのではなく、身をもって仏道をきわめられただけあって、ごく自然に散らかっている便所の草履を取り揃えるという、当たり前のことをなされたのであろう。

これに関連して私の体験をお話ししたいと思う。昭和四十一年ごろのことである。大阪府堺市に近畿管区警察学校というのがあり、中級幹部になるための教養を受けるため六ヶ月間入校したことがある。学生寮の同室には大阪府警の山之内氏と奈良県警の渋谷氏と私の三名が入室し、六ヶ月間寝食を共にすることになったのである。

昔から仏教に関心を持っていた私は、この際、余暇を利用して、図書館で仏教書を借りてよく読んでいた。それを知って、山之内、渋谷の両人は、『君が勉強している仏教について、そんなに人生において為になるのなら、少しでいいから教えてくれないか』と云われたが、実のところ人に教えるほどにはいたっていないので、『まだまだご要望にお応えする事はできない』と断ったのであるが、その後も再三にわたり云われるので、仕方なく「お釈迦様とその弟子」について語る中で、「周《しゅう》梨槃特《りばんとく》」の話をしたのです。

お釈迦様の弟子の中に、頭が悪く、物忘れのひどい、そのうえ外の弟子からも馬鹿にされ、教団から追い出されようとしていた者がいた。それが周梨槃特である。お釈迦様は、『どんな者でも、一心に修業をすれば、きっと悟りを開く道がある』といって、周梨槃特に、箒と塵トリを与え、『これで毎日掃除をしなさい』と云いました。周梨槃特は、云い付けられたとおり、毎日々々『塵をはらい、垢を除かん』といいながら、一心不乱に掃除を続けました。そして弟子の中で一番早く悟りを開いたのです。

このような話の影響かどうかわかりませんが、同部屋の三人は、競走して部屋や廊下の掃除はもちろん、共同便所の掃除を他の部屋に先んじてするようになったのです。根が真面目な人たちであったので、この話の内容がスーッと腑に落ちたのではないかと思っています。

のちに私は、この学校の教授兼学生科長として二年間過ごしましたが、学生寮を見て廻るたびに、昔の懐かしい思い出が甦って来たことでした。

肝に銘じた訓言 ▼▼▼

私が敬慕している先輩は枚挙に遑《いとま》のない程あるが、故人で品川弥二郎子爵と渋沢栄一翁とが、最も縁故も深く、崇敬もしている方々である。

品川子爵は、明治十八年に、私がフランス留学を終えて帰朝した直後、私を農商務省の役人に推薦していただいたのであるが、私はもと京都府から選抜されてフランスに留学したものであるから、その関係上、品川子の御好意に背いて、京都府に奉職したのであった。こうした機縁で、その後も私は東上の都度、又は子爵が京都へ見えられた時などには、必ずお訪ねして教を乞うていたものである。従って子爵から受けた教訓は数多いが、中でも私の最も感銘していることは次の一事である。

私は京都織物会社の技師長勤務中に、妻を娶ったのであるが、重役と意見が合わず、結婚の翌日、突如として葉書一枚で解職させられたのであった。私は瞬時にして、幸福の絶頂から悲嘆の奈落へつき落とされたのだ。さすが青年客気の私も、これにはすっかり参った。前途に大きな望みもあり抱負も持っていた新帰朝者の私も、こうなっては全く進退谷まらざるを得ない。そこで私は東上して先ず品川子爵の門を叩いて教を乞うた。この時子爵は私に向って、

『君は何か悪いことをして会社を出されたのではないか』

と云われたから、私は自分は最善を尽くして職務に当たったが、重役と意見を異にしたがために馘首の厄に遭ったことを説明し、

『私は少しも良心にやましい所はありませんから、その点はどうか御安心下さい』

と申し上げると、

『そうか、それを聞いて安心した。君が錦を着て、馬車に乗るような身分になっても、心にやましい行をしているようなら、この品川の友人ではない。たとえ襤褸《ぼろ》を下げていても、心にやましい所がなければ、永久に品川の友だ』

と云って激励せられた。私はこの一言で、俄かに闇の中から太陽を仰いだような豁然《かつぜん》とした心持になった。この時の感激は、一生涯忘れることが出来ないもので、私は子爵のこの時の訓言を終生の規箴《きしん》として遵守して来た。性来の愚鈍で何一つこれと云う功業を成し得なかったが、ただ一つ正を踏んで迷わず、一図に君国のために赤誠を捧げ来たったのであって、これだけは心に顧みて聊かもやましい所はないつもりである。

渋沢翁も京都織物会社の重役であった関係で、私が同社を首になった当時、品川子爵と同様に、翁の門を叩いて教を乞うたものだ。その時翁は、

『君が染色の技術を外国で学んで帰ったことを知っている。君が今度会社をやめられたことは、今始めて承知したばかりだが、会社をやめられたからと云って、別に失望することはない。君は成功の歴史も失敗の歴史も持っていない、まだまだ一人前にはなっていないのだから、これからうんとやるのだ』

と云って諭された。その時翁の云われた失敗の歴史がないという意味が、私には腑に落ちなかったのであるが、今になって見ると、その意味がわかって来た。成る程、失敗と云うことは、人生の貴重な経験である。艱難汝を玉にすと云うが、失敗が無ければ成功もない。云わば失敗は成功の母なのである。人間大いに失敗すべし。と云っても、別に失敗を祈る訳ではないが、人生の長旅に、失敗なしで押し通すことは殆んど不可能である。たゞ失敗に打ちひしがれて、意気沮喪《いきそそう》し、悲観絶望してはいけない。失敗は天が与えた絶好の試錬として、失敗を再びせざらんことに意を用い、周到なる用意を以て捲土重来すべきである。徒に失望落胆して自暴自棄に陥るが如きは、大丈夫の取らざる所である。この意味に於いて、失敗大いに喜ぶべし。失敗ある人にして始めて大いに話せるというものだ。私は今にして漸く渋沢翁の訓言の意味がわかった。さすがは大実業家だけあったと、今更ながら翁の卓見に頭の下る思いがする。

政界、実業界の二偉人品川子爵と渋沢翁は、私を失意のどん底から救い上げてくれた大恩人で、私は今も尚この時の訓言を胸に抱いて、いつ止むとも知れぬ奮闘努力を続けているのである。

（稲畑勝太郎）

解説

この文章に登場する品川弥次郎と渋沢栄一については すでに述べたので省略する。

この話の中で注目したいのは、渋沢栄一の訓言の方である。『君は成功の歴史も失敗の歴史も持っていない、まだまだ一人前にはなっていないのだから、これからうんとやるのだ』と云われて、執筆者の稲畑勝太郎は、その時は腑に落ちなかったのであるが、その後、その意味が分って来たと云っている。すなわち、『失敗は人生の貴重な経験であり艱難汝を玉にすと云うが、失敗が無ければ成功もない。失敗は成功の母なのである。人間大いに失敗すべき』ことを悟ったのである。

私の経験からも、その事が云えるのであり、初めの頃は、職場でよく失敗したものである。しかし、同じ過ちを二度繰り返したことはなかったこと、また、致命的と思われる失敗がなかったことが、曲りながらも、今日までやってこられたことに感謝している。

ところで、成功哲学の創始者と謳われた、アメリカのオリソン・スウエット・マーデン博士が云っている。『失敗しないノウハウは存在しない。あるのは失敗から立ち上がるノウハウだけだ。そしてすべての人は、自分の力で人生を成功へと導く、限りない能力を秘めた運命の支配者である』と。マーデンは人生のすべてを成功哲学の確立に捧げた人物である。

執筆者の稲畑勝太郎（一八六二～一九四九）は、明治～昭和時代の実業家である。文久二年（一八六二）十月三十日京都で生まれ、京都師範在学中明治十年、フランスに留学、染色を学ぶ。二十三年生地京都に稲畑染料店（現稲畑産業）を開業した。のち大阪に進出して、軍服用カーキ色染めを創案する。大正五年日本染料製造の創立に加わり、十五年社長となる。活動写真を輸入し、明治三十年大阪で初公開した。大阪商業会議所会頭、貴族院議員も努めた。昭和二十四年三月二十九日死去。八十八歳であった。

この信念があればこそ ▼▼▼

晩年私が大阪ライト・ハウスの名において米国より招聘し、日本内地は勿論、満鮮を含む東亜の主要都市に於て未曾有の感激と昂奮の渦中に全民衆の魂を投込んだ、盲・聾・唖の巨星ヘレン・ケラー女史は、何が故に今日の如き偉大な人物たり得たか。人は言う。『天才だから』と。しかしそれは当っていない。よし天才であったとしても、この不具の、不具なる彼女を転じて今日の輝かしい存在たらしめたものは、決して簡単な偶然ではない。勿論その背後にあった驚くべき教育の力、並にその教育を五十年の永きにわたって彼女のために献身し来った恩師サリヴァン先生のあったことは、誰も知るところである。しかし茲ではそれにもました、より根本的な一事のあることを話してみたい。それはヘレン・ケラー女史が持っている不屈不撓《ふくつふとう》の強烈な信念である。

昨年一緒に全行程を南船北馬した私は、彼女が如何に私の作った講演日程に対し忠実であったかを忘れることは出来ない。特に各地に於ける殺人的な歓迎の嵐の裡にあって、朝野の好意に応えるとはいいながら、彼女が如何に忍耐して疲れた顔も見せず終始微笑んでいたかは、誠に感嘆に値する。だが、流石に時々は疲れのため微恙《びよう》に冒された折など、新聞雑誌はそれを大袈裟に書いて私を困らせたものである。それのみか秘書のトムソン嬢が発熱したことまでケラー女史が病気のため卒倒したなどと、ありもせぬ噂が針小棒大にアメリカにまで伝わったからたまらない。アメリカ盲人協会からは、『折角だが掛替のない身体故日本の日程を中止して至急帰国するように』といった意味の手紙や電報が舞い込んで来た。その時のことである、私は彼女の偉大な信念をまざまざと見たのは！　それは北海道湯川の温泉で旅の汗を流し、六月二十七日の誕生を祝おうとする時であった。彼女は決然として、次の如き電報を米国に打ったのである。『ヘレン・ケラーの肉体をのみ思う者は、真にヘレン・ケラーを愛していない者である。私の今日あるを得たのは、肉体でなしに、その肉体を自由に駆使し得た精神なのだ。今ヘレン・ケラーの精神は宣言する。岩橋の作ったプログラムの総てを全部成就するまでは、死んでも帰らないと。私並にポーリー（秘書）のことについては、岩橋夫妻の手厚い保護と指導のもとに、アメリカがかって私に示したよりも以上の、よき環境において全日程が運ばれつつある故安心されたし。云々』この不動の信念があればこそ昨年の歴史的事業が、愛盲運動のため不滅の聖火を掲げ得たのである。否それがあればこそ先人未踏の闇と沈黙という二大牢獄を撃破って、二十世紀の奇蹟たる今日の彼女が、人生勝利の凱旋門として樹立《うちたて》られたことを人知るや、知らずや。

（岩橋武夫）

解説

話の主人公・ヘレン・ケラー（一八八〇〜一九六八）は、アメリカ南部・アラバマ州の小さな町で生まれた。父は南北戦争時に南軍の陸軍大尉であった。生まれた家庭で快活に育っていたヘレンが奇妙な高熱に見舞われたのは、一八八二年二月、生後十九か月の時である。医師の懸命の治療で一命はとりとめてものの、次第に視力と聴力を失ってしまった。猩紅熱の後遺症でヘレンの目と耳は永久に閉じてしまった。

父母であるケラー夫妻は、眼科医などを廻り、診察を受けましたが、視力の回復は絶望的であった。最後にたどり着いたのが、電話の発明でも有名なアレクサンダー・グラハム・ベル博士の紹介で、家庭教師となった、当時二十一歳のアイルランド人移民の娘、アン・サリバン（一八六六〜一九三六）によるヘレンへの教育でした。サリバンの厳格で献身的な教育により、ヘレンは天賦の才を開花させ、アメリカの女子教育の名門であるラドクリフ大学に入学し、一九〇四年同大学を優秀な成績で卒業後、自分に与えられた使命が障害者の救済にあることを自覚し、著述と講演を精力的に行うようになった。そして、一九六四年（昭和三十九）九月十四日には、ジョンソン大統領から、アメリカ最大の名誉である「自由勲章」を授与された。

ヘレン・ケラー女史は、我が国には一九三七年（昭和十二）、一九四八年（昭和二十三）と一九五五年（昭和三十）の三回来訪している。とくに一九四八年の際は、敗戦で打ちひしがれた日本国民の熱狂的歓迎を受け、全国各地で公演して回り、これが二年後の身体障害者福祉法制定となって実のり、東京ヘレンケラー協会もそのとき集まった募金を基に創設され、女史は協会の名誉総裁を引受けた。一九五五年の来日の際は、ヘレン・ケラー学院の講堂で講演し、成果を見届けている。

一九六八年(昭和四十三)六月一日、八十八歳の誕生日(六月二十七日)を目前に逝去し、亡骸は首都ワシントンのワシントン大聖堂の地下に安置されている。

執筆者の岩橋武夫(一八九八~一九五四)は、昭和時代の社会実業家である。明治三十一年三月十六日大阪で生まれ、早稲田大学在学中に失明し中退した。関西学院大学卒業後、イギリスへ留学。エディンバラ大学で宗教哲学、純粋哲学を学ぶ。帰国後、母校で教える。昭和十年(一九三五)大阪に日本最初の盲人福祉施設ライトハウスを設立。ヘレン・ケラーを日本に招き、日本盲人会連合などの結成や、身体障害者福祉法の制定につくした。昭和二十九年(一九五四)十月二十八日死去。五十六歳であった。著作に「光は闇より」などがある。

ロンドンのギャメーヂ商店

ロンドンのギャメーヂ商店と云えば、『良品廉売』を本当に文字通り実行して成功した代表的な店である。

この店の経営者たるアルバート・ギャメーヂ氏は、使用人に対しては極めて善良な店主で、店員の間に非常な人気が厚く、永年、真実と熱意ということを最上のものと考えて、それを常に念頭に置いて営業して来た。

ある年のクリスマスの前々日のことであった。一人の婦人が小さい子供のために木馬を買って、クリスマスのプレゼントだから間に合うように届けるように売場の係に頼んで帰った。

所がクリスマスの前日が来たのに、未だその木馬が届かないので非常に慌てだした。夕刻まで待ってみたがそれでも未だ届けて来ないし、もう店も閉まる頃であるということに気が付いたので、その婦人は電話帳を開いてギャメーヂの私宅を調

べて、直接に彼の所へ電話をかけた。するとギャメーヂの返事に、

『滞りなく取り運んでおりますから、もうすぐ坊ちゃんのお手許に届きます』

と云うのであった。

翌朝、非常に早く起きて、ギャメーヂは車を飛ばして店に行って、未だ誰も来ていない店を開けて自ら木馬を取出して、自分はサンタ・クロースの扮装をして右のお得意の家に向かい、親しくその贈物を手渡した。子供の喜びは果たして幾何だったろうか。

この機智とこの誠意がギャメーヂ商店の大をなした最大の原因である。

（粟原義純）

解説

この話を読んでいて、アルバート・ギャメーヂの機智と誠意に富んだ商売のやり方は天晴れと云う外ない。これに比べて日本では近年は、誠意はおろか詐欺まがいの商売が横行している悲しい現実がある。成人式の晴れ着を用意すると称して、当日に現物の晴れ着が届かない。社長が雲隠れした、などという信じられない事件も起こっている。実に嘆かわしいことだ。

執筆者の粟屋義純（一九〇〇〜一九八〇）は、亜細亜大学経営学部並びに経営学研究科教授で「広告論」の第一人者である。明治三十三年（一九〇〇）山口県萩市に生まれた。父は典型的な職業軍人であった。明治大学に入学し、恩師中村茂男教授のもとに広告論およびマーケティング論を研究された。その後も一貫して「マーケティング・マネジメント」「マーケティングの機能」「広告管理」「広告効果測定」「近代マーケティングと管理」「広告管理論」「広告監査論」等の著書および多数の論文を発刊発表して、学会を裨益すること極めて大である。

義純氏がどのような動機から広告の研究に没頭されたのか、彼の手記によれば、少年時代に水彩画を学び、油彩の手ほどきを受けたことから洋画に異常な興味をもつようになって、夢中で少年雑誌の口絵などを収集するようになり、それが広告

絵、ポスター、新聞・雑誌の広告の方へ関心が移り、いつしか広告研究に生涯を捧げるようになったということである。

寄付金王

『寄付金王』という言葉はあまり用いられない言葉ですが、『借金王』という言葉がある位ですから、『寄付金王』もあってもよいかも知れません。

私が言う『寄付金王』とは、渋沢栄一翁のことです。渋沢翁はその生前から『実業王』とか『財界の大御所』とかしばしば称えられていましたが、私は三年前から渋沢翁の伝記資料を巨細にわたって調べ続けました結果、翁を『寄付金王』と呼んでもよいと痛感しました。

渋沢翁が実業、経済方面のみならず、社会事業、慈善事業にも非常に尽された人であることも、誰知らぬ人もない有名なことですが、段々資料を細かに調べてみましたら、驚くなかれ、明治初年から昭和六年九十二歳で逝去されるまでの六十年間に翁の関係尽力された社会事業、慈善事業が、六百余あることがわかりました。その六百余の事業には殆んど全部自身でも寄付しております。多きは数十万円、少なきも数百円で、総計は未だ致しておりませんが、頗る巨額に上ることは、申すまでもありません。のみならず、翁はあるいは演説をし、あるいは手紙を書き、多くの財界有力者に寄付金を募っております。そして翁の功績と人徳によって寄付金がよく集まったのでした。翁は全く偉大な寄付金募集者であったのです。

こんな逸話が伝えられています。ある時、時計王として有名な服部金太郎翁が日本倶楽部で将棋をさしていると、傍に渋沢翁が居て、イタリーの骨相見に百七歳まで生きると言われた話をしました。服部翁は将棋をさしながらその話を耳にして、突然立上がりざま将棋の駒をほうり出して、『えゝッ。渋沢さんが百七つまで長命なさる。それや大変だ。呑気に将棋なんかさしてはいられない。もっと稼いで、寄付金の用意をしとかなくちゃ』

と大声で言いました。服部翁は諧謔《かいぎゃく》の名人でした。そしてよく渋沢翁の勧説に従って大金を寄付した人でした。この服部翁の言葉に万座の人々が思わず、朗らかに大笑いしたということです。また、渋沢翁の晩年の秘書をされた人が私にこういうことを言われました。渋沢翁は晩年否逝去の直前で社会事業には尽力しながら、度々次のように言いました。

『わしは世の為になることにはもっともっと寄付をしたいのだが、何分力がほそうて、思うように寄付ができぬのが、残念じゃ』

渋沢翁を『寄付金王』としたのは何でしょうか。それは、国家、社会の為め『働いて働いて働き抜く』ことを生涯の信条とされた、尊い滅私奉公の大精神であります。

（土屋喬雄）

■解説■

渋沢栄一や服部金太郎が、事業に成功して持てる財力による蓄財を寄付する。立派な話だが、一方、蓄財はすべてわが物として取り込んでしまう、者も多くいることは確かである。

ある調査によると、世界の中で一人当たりの寄付金の額は、日本は九十九番目という淋しい現状である。

それは兎も角、社会に寄付をするのは、財物に限ったものでもないと思う。近年盛んとなった「ボランティア活動」も立派な寄付である。ボランティアで思い出すのは、神と呼ばれる「スーパーボランティア!」の尾畠春夫氏のことである。

西日本豪雨で大きな被害を受けた広島県呉市天応地区で、被災地の復旧を手伝うボランティアの中に、一際目立つ男がいた。赤いつなぎに、「絆」と書かれたヘルメットをかぶっている。——今年(平成三十年)八月に山口県周防大島町で行方不明となった二歳児を発見し、一躍時のひととなった人物である。

被災地区では率先して床下へもぐり込み、ヘドロとなった土砂を泥まみれになって次々とかき出す。また、被災者に寄り添うようにして声をかけ要望を聞き出し、仲間たちに作戦を指示する。

尾畠春夫氏がスーパーボランティアと云われる所以は、各地に行っても、常に「自己完結型」であるということである。自分の車で寝起きし、食料も自分で準備し、被災者に一切の負担をかけない。言うまでもなくボランティアは飽くまで無償で行わなければならない。また、被災者に無暗に質問しない。しかし、相談を受ければ、その心にそっと寄り添う。ほんとうに見上げた心根である。世知辛い昨今ながら、一筋の光明を見出した思いがする。

この話の執筆者を紹介しておこう。土屋喬雄（一八九六～一九八八）は、大正～昭和時代の経済学者である。明治二十九年十二月二十一日東京で生まれ、昭和十四年東京帝大教授。幕末～明治期の日本経済史を専攻し、日本資本主義論争では労農派の中心的な論客であった。戦後明治大、駒沢大教授、渋沢栄一伝記史料刊行会理事となる。昭和六十三年八月十九日死去。九十一歳であった。

真実が最も強い広告

何れの国でも、ややもすれば広告と云うものは事業を誇大に書いたり、間違った事を書いて客を釣る道具に使われ勝ちである。ジョン・パワース氏はアメリカの広告界から不正不良広告を撃退して、明朗と正直を生命とする今日の正しい広告道を確立した広告界の先覚者である。

かってピッツパーグでこんな事があった。ある洋服店が将に破産に瀕して全く手の付けようがなくなったので、パワース氏を呼んで相談に及んだ所が、彼は早速窮状を診断して、

『この危機を脱するにはたった一つしか方法がありません、実情をありのままに公表することです。この店が今破産に瀕していると云うことを大衆に訴えて、一挙に大量を売り尽して仕舞う策に出る以外には、何とも救う道がないと思います』と云った。

ところが店主にしてみれば、そんなことを発表

した日には、債権者が店に殺到して豪いことになるだろうからといって強硬に反対したが、パワース氏は、

『そんなことは問題じゃないでしょう。ともかくも実状を在りのままに訴える以外に私としては方法がたちません』と云った。

　こんな経緯があって、結局、翌日次のような意味の広告が新聞に出された。

『弊店は今や将に破産の危機に面しております。一万二千五百ドルの負債が払えない窮状にあります。こんな広告を出したら債権者からどんな目に会うか分りませんが、しかし皆様が明日御来店の上御買上げ下さいますならば、その御買上金をもって債権者に損をかけないで解決せられる訳であります。所が不幸にして御買上を頂けませんでしたら、このまま破産してしまうより外はありません。この窮状を打開するため、全然損得の採算を度外視して、御覧の通り破格の廉価で御願い申上げます』

　こんな前代未聞の広告をもって窮状をそのまま偽らず吐露した所が、果せるかな、この広告は異常なセンセーションを捲き起して、当日は顧客が店頭に殺到して身動きもならぬ盛況を呈して、遂に破産から救われた。

　その後、また別の店からゴム引外套の売残品の処分広告を依頼されたことがあった。パワース氏は
『これは一体どうしたのですか』と尋ねると、そお店の仕入係は、

『実は私とあなたの間だけの話ですが、ゴムが変質しているのです。勿論そんなことを広告に書く訳には参りませんが、実際はそうなんです。』と答えた。

　すると翌日の広告には次のような意味のことが書いてあった。

『弊店は千二百着のゴム引外套を手持ちしておりますが、ゴムが変質して新品としての値打ちはほとんどなくなりました。しかしお値段の点から申しますと確かに御買得品です。何卒御来店の上親しく現品を御一覧下さいまして、この値段なら確

かに買って損はないとお考え下さいますならば、是非御求め下さいませ』

この広告を見た仕入係は、取るものも取り敢えず息せき切って飛び込んで来て、まるで喧嘩腰で、

『変質したゴム引外套なんて広告に書いて、一体どうなさろうと云うのですか。あんな馬鹿なことを書いて品物が売れると思いますか』と怒鳴り散らしたものだった。するとパワース氏は静かに、

『いや、あれはあなたが私におっしゃった通りのことを書いたまでのことで、唯だ真実ありのままを書いて大衆に訴えただけのことです。それ以外にあんな商品を売る方法はありません』と答えただけだった。

こうして仕入係がカンカンになって怒っている間に、一方ゴム引外套の方はドンドン売れて瞬く間に売切れになって仕舞った。

確かに真実以外に強い広告はない。

（栗屋義純）

■解説■

この話の主人公・アメリカのジョン・パワーズ（一八三七～一九一七）は、世界初のコピーライターである。ニューヨーク州の農場で生まれる。三十代でアルバイト広告を書きはじめる。四十三歳でデパートのワナメーカーに引き抜かれた。ワナメーカーは、パワーズのコピーによってデパートの売上げが二倍になった。この成功により多くのコピーライターが影響を受け、仕事としての認知度も高まったのである。

パワーズは四十九歳でフリーランスとなって広告界で活躍するが、一九一七年八十二歳で死去した。

油皿の掃除

大三菱の創業者、岩崎弥太郎が少年時代の話である。高知県の片田舎に生まれたかれは、その頃、寺子屋で漢籍の教育をうけていた。かれの先生は、謹厳な村夫子で素読のときも、神棚に燈明を

あげることを忘れない人であった。

そして、一週間毎に、教場の掃除するのと、神棚の油皿を全部、清浄にするのは、生徒に課せられている仕事であった。ところが、油皿は二三十もあって、その油を落とすのは容易ではなかったから、みなそれを嫌って、押し付けっこをした。しかも、先生のお目玉を頂戴することの最も多いのは、この油皿掃除であった。どうかすると、やり直されることも珍しくなかった。

岩崎は当番になると、かれ等の嫌いな油皿掃除を引きうけて、皆の者が余り知らない間に掃除するのが常であった。それで、先生のお目玉を頂戴することもなかったから、皆これを不思議に思っていた。そのためかれの油皿掃除は有名になった。

『君はどうして油皿の掃除をするのか』とみなが訊いても、かれは笑いながら、

『諸君はどうしているのか』と訊き返していた。

もちろん、みなの者は、皿を一枚一枚、油を拭い取っていたから、二三十枚の掃除をするには半日もかかった。

かれは人のいない裏庭に藁を集めて、これを燃やす用意をして置いて、油皿を全部その上に並べるのである。さて火をつけて、油を焼いてしまって、冷却した頃に、そこに出来ている藁灰で拭き取ってしまうのだ。

だから、かれ等が半日を要する仕事をするのに、一時間もかからないで、完全に清浄にしてしまうのであった。

『岩崎の奴、なかなかずるいねや』とみな笑った。しかし先生は、これを聴いて、

『弥太郎は将来のある奴じゃ』と云った。

（竹内　尉）

解説

岩崎弥太郎（一八三四〜一八八五）は、明治時代の実業家である。土佐（高知県）の郷士弥次郎の長男として生まれ、少年時代からその生活は波乱に富んだ。坂本竜馬の組織した海援隊のるす役となり、鳥羽伏見の戦いのときは大阪に移って、土佐

藩の食糧や兵器の調達を引受けた。そして明治の新しい世になると、土佐藩が大阪に持っていた船や建物を、安い値段で譲り受け、海運業にのりだした。これが三菱財閥のはじまりである。政府の保護をうけながら、一八七七年（明治十）の西南戦争の時までに事業はおどろくほどの発展をとげ、日本海運界の王者となった。西南戦争のときには軍隊や物資の輸送を一手に引き受け、大きな利益をあげ、日本の経済界を動かすほどの力をもった。そして大財閥三菱を作り上げた。三井、鴻池、住友などは歴史の古い財閥であるが、三菱財閥は明治になってその列に加わった。

この決断▼▼▼

十九世紀の英国における偉大な政治家の一人に数えられるグラッドストン内閣に、盲人の身を以て逓信大臣の要職についたヘンリー・フォーセットは、又経済学博士としてケンブリッジ大学に教鞭を執った学者でもある。彼は生まれながらの盲人ではなかった。青年の折、父と銃猟に行って過って鳥を打つべき散弾をその眼に受けたのである。驚愕する父、朱に染んで倒れる彼——実に人生の悲劇でなくて何であろう。彼はこうして失明したのである。しかし彼は言う。『私の失明はたった十分間だった』と。何となれば鮮血を払い除けて起ち上がりさま、彼はこう叫んだからである。『お父さん、心配しなさるな。ヘンリーはやっぱりヘンリーです』彼は十分間しか失明しなかったのである。その意味は、十分間しか茫然自失、真暗な気持にならなかったからである。その後は、よし両眼見えずとも彼は明るい魂を持ったのである。何という勇気に満ちた強い決断だろう。かくて彼はケンブリッヂ大学に学び、博士論文にパスし、大臣ともなったのである。かれはまたスケートの名手であり、ボートレースの選手でもあった。ケンブリッヂとオックスフォードの対抗マッチに、盲目の彼がいたことを多くの人は知らない。かかる果敢な負けじ魂は、彼の生涯を貫いてあらゆる方面に現れているが、それはあの悲劇的な失明の十分間の裡に把握されたものであることを忘れてはならない。

（岩橋武夫）

■解説■

ヘンリー・フォーセット（一八三三〜一八八四）は、最後の経済学者の一人と云われる。また、ケンブリッジ大学の初代経済学教授でもある。

父親との銃猟の時の誤射事故で二十五歳の時盲目となったフォーセットは、それでも経済学を続けて、さらに国会議員となり、イギリス内閣に入閣するだけの余裕もあった。急進的な政治指導者で教育改革者でもある。彼は、ジョン・スチュアート・ミルの忠実な信奉者であった。

妻のエリザベス・ギャレット（イギリス初の女性医師）は、政治にも活発に関与して、女性参政権運動にも参加した。また、盲目の夫の秘書という重要な役割も果した。最も有名な著作は「初心者のための政治経済学」で、短い本だがとても人気が出た。夫が夭逝すると、ますます政治活動に深入りし、経済問題についての執筆から離れていった。

碁の教訓▼▼▼

私が五段当時のことである。そのときの方圓《ほうえん》社長は八段の中川亀三郎という人であった。方圓社のある手合のときに新進の某初段（その人は現在は五段以上の高段になっている）に二子置かして打った。そのときに私は早く互角の形勢にしてやろうと思うて、いろいろと作戦を立てて打ったところが、満局に至らずして自分の方が潰され、中押の負になった。満局というのは百手か百五十手の半ばすぎ位のことを言うので、寄せになるのを残局と言います。要するに白の作戦が無理であった訳である。

局後、社長の調べがあった。そのときに社長は一手々々については何も言わなかったが、全体の気分について話してくれた言葉がある。

『瀬越君、君は対手に二子も置かしているのに、最初から互角の碁にしょうという、その作戦の考え方が根本から無理である。二子も置かしておれば、対手が悪い手を打たなければ白が負けるのは当然である。ところが二子も置いている方は自分より若干弱いのであるから、終局までの間には必ず悪手とか緩手が出て来るものだ。それだから兎に角対手が間違いなく打ったら十目くらいは負かされるものという心算で、ゆっくりと気を落着けて、道中は長いのだから、無理な手を打たずに正しく打っておれば、屹度対手が緩い手を打ったり、悪い手を打って来るから、其処を突き込んで咎めて行って碁にするのでなくてはいけない。それを君のは無理に勝とうとするのであるから、それは成功する訳がない。自分の方から勝とうとするのだから、それは考え方が無理である』

と言って教えられた事がある。そのとき自分は、成る程良い教訓であると感じたから、それからは碁の方でも、世の中に処して行く上にも、これを服膺《ふくよう》してやっている。弱い碁を打っても、正しい手をうっておれば弱い方が悪い手や緩い手を打ってひとりで負けてくれる。ということを悟って、自分の碁にも非常に余裕《ゆとり》が出来て来て、却って人からも、

『君は弱い人と打っても無理な手は打たぬ』

と称されるようになった。

（瀬越憲作）

解説

中川亀三郎（一八三七〜一九〇三）は、十二世名人本因坊丈和の第三子として、武蔵国・江戸上野車坂下に生まれる。長兄は水谷順策（後の十二世井上節山因碩）、姉の花子は本因坊秀策の妻となる。幼名を長三郎とし、後に亀三郎となった。本姓は葛野、叔父の家を相続し、中川姓となる。幼児の頃囲碁で身を立てる気がなく、十一歳で父が亡くなり石を持つ。十三歳で秀策に伴われ、本因坊秀和に入門した。十六歳で初段、二十歳で三段、二十六歳で五段、二十九歳で六段となった。

明治になって幕府による家元制が崩壊した後、村瀬秀甫（後の本因坊秀甫）らと最初の囲碁結社である方圓社を設立し、秀甫没後は二代目方圓社社長となる。八段準名人。明治三十六年（一九〇三）死去した。

執筆者の瀬越憲作（一八八九～一九七二）は、大正・昭和期の棋士囲碁九段で日本棋院理事長を務めた人物である。明治二十二年五月二十二日広島県能美島で生まれる。明治四十一年上京し、方圓社に入り、大正十一年鈴木為次郎らと裨聖会を結成。当時の本因坊秀哉に連勝するなど実力を発揮した。関東大震災後、碁界の分裂を嘆き、坊派、方圓社を握手させ、十三年財閥大倉喜七郎を後援者に日本棋院を設立した。呉清源を招いたり、戦後混乱期には棋院理事長として、碁界の復興、発展に尽力した。また江戸時代の「御城碁譜」（全十巻）や「明治碁譜」を編集し、「瀬越囲碁教本」など多数の技術書を刊行した。昭和三十年名誉九段、三十三年に棋士として初の紫綬褒章を受け、四十一年には勲二等瑞宝章を受章した。

政敵が笑った油壺

カザリン・グラッドストンは、十九世紀末葉の大政治家の妻として、細心周到の注意を以て夫にかしづいた賢婦人だった。

或夕方のこと、夫人は常の如く、夫君に従って議会へ出かけたが、馬車に乗る時、誤って扉に指をはさまれた。夫人は思わず「あっ」と声を立てようとしたが、ふと見れば夫君は何も知らずに、議会に於いてなさんとする演説の腹案に思いをひそめている。

夫人は、自分のことで、夫君の思想の流を妨げるに忍びなかった。堪えがたい苦痛を、雄々しい沈黙の裡に忍んで、砕かれた指をハンケチにひそめ、そしらぬ顔して馬車を走らせた。

また彼女の、グラッドストンの健康に対する心遣いには、妻の愛に、慈母の心と医師の注意の加わったものがあった。グラッドストンは若い頃まことに虚弱だったので、晩年にあのような強健な体の持主になろうとは、誰も想像する者がなかった。その虚弱な体に対する夫人の細心な心遣いは、遂に彼をして、『僕の細君は、なかなか立派なお医者さんだよ』と言わせるほどだった。グラッドストンの演説を聴いた人々は、必ずクリーム色の液を入れた瓶を知っている。それは『油壺』などと悪口されたものだが、それは夫人の手によって作られた、鶏卵や果汁その他の物を交ぜた興奮剤で、彼が長演説の時、それによって元気と声量を持続することが出来た。

また、家庭に於いて、グラッドストンの敏感な鋭い気性と、日常の雑事との間に立って、夫君を激昂せしめぬように努め、また夫君の激し易い精神を乱すような事物を、彼の目に触れしめぬようにしたのであった。

グラッドストンが当時、世界の三大偉人の一人として大成敬慕された裡に、斯うした夫人の熱勢こめた内助のあったことを忘れてはならぬ。

（野邊地天馬）

解説

グラッドストン（一八〇九～一八九八）は、スコットランド豪族の末裔である大富豪の貿易商の四男としてリヴァプールに生まれる。イーストン校からオックスフォード大学クライストン・チャーチルへ進学し、同大学在学中にイングランド国教会への信仰心を強めた。一八三一年に同大学を首席で卒業した。

その後、ヴィクトリア朝中期から後期にかけて、自由党を指導して四度にわたり首相を努めた（第一次一八六八～一八七四・第二次一八八〇～一八八五・第三次一八八六・第四次一八九二～一八九四）。

生涯を通じて敬虔なイングランド国教会の信徒であり、キリスト教の精神を政治に反映させることを目指した。多くの自由主義改革を行い、帝国主義にも批判的であった。好敵手である保守党党首ベンジャミン・ディズレーリとともにヴィクトリア朝イギリスの政党政治を代表する人物として知られる。

この話の要諦は、妻のカザリンが自らのことを顧みず、何事につけても常に夫中心・夫第一義に考え行動していたもので、内助の功誠に天晴れと云わねばならぬ。

ところで、日本夫人の内助の功と云えば、華岡青洲の妻を思い出す。

華岡青洲は、世界初の全身麻酔による乳癌手術に成功し、漢方から蘭医学への過渡期新時代を開いた外科医であるが、その不朽の業績の蔭には麻酔剤「通仙散」を完成させるために進んで自らを人体実験に捧げた妻と母とがあった。当初はあまり世間には知られることもなかったのであるが、作家・有吉佐和子の小説「華岡青洲の妻」によって、広く世間に知られるようになった。

ここで、「華岡青洲の妻」の物語のあらすじを見てみよう。

青洲の妻・加恵《かえ》は、和歌山県伊都郡の大庄屋妹背家に生まれた。生家は和歌山藩主が伊勢路を往復する際の宿になっている程の名家であった。加恵は読み書きのほかに裁縫や掃除など堅実なしつけを受けて育った。八歳のころ、加恵は初めて華岡家の於継（青洲の母）の姿を見て、その美しさと賢さに憧れの気持ちを深めていった。加恵が二十一歳の頃、華岡家に嫁いでいた於継から、息子雲平（後の青洲）の嫁に所望される。

加恵の父佐次兵衛は家格の違いを理由に婉曲にその申し出を断ろうとするが、於継の熱心さに根負けし、加恵はついに華岡家の嫁になる。華岡家は予想以上につつましい生活をしていた。加恵も家族の一員となるために機織りに精を出し、姑の於継から医家に必要な素養を教わる。そしてついに雲平が京都から帰って来る。家族は大喜びで雲平を囲むが、加恵はその輪の中にはいることができない。それまでは、加恵を常にかわいがってきた於継なのに、雲平が帰って来たとたんに息子を独り占めにしようとする。この時から、仲むつまじかった姑と嫁は陰湿な争いに突入するのである。

その後、天明の凶荒が続く頃、加恵は身ごもり実家で女児を生む。その頃から雲平は、青洲と名乗るようになった。

四年後、青洲の妹於勝が乳癌に冒され、麻酔を使っての外科手術を望むが、麻酔薬が完成していないため、試みることなく、於勝を死なせてしまった。医師でありながら妹を救えなかった青洲の気落ちは大きかった。その後、青洲は研究を進めて十年後、曼茶羅華（まんだらげ＝チョウセンアサガオ）と草烏頭（そううず＝トリカブト）とを使った麻酔薬を完成させる。

　これを使った人体実験に、母の於継が先に名乗り出る。加恵も自分こそが実験台にふさわしいとして、対抗心をむき出しにする。青洲は、二人とも実験に使うことを決め、最初の於継には、老齢を思い、草烏頭は使用せず薬の昏睡具合だけを試す。半年後、青洲は本当の意味での麻酔薬の実験を、加恵を使って行った。三日目に加恵は目を覚ますが、麻酔薬の副作用は甚大で健康状態を取り戻すのに半月を要した。「通仙散」と名付けられた麻酔薬は成功するが、二度の実験に身を捧げた加恵は視力を失う。加恵をいたわり続ける青洲を見ていた於継は力尽きるように亡くなった。

　青洲は紀州に並ぶ者のない医師としての盛名を得、和歌山藩主から士分に列せられた。盲目となった加恵は、夫の愛と門弟たちの尊敬の念を受け幸せであった。

重箱と杓子

池田光政、ある日のこと板倉勝重に、

『民を治めるの道を御教示願いたい』

と云った。

するど勝重はこう答えた。

『さよう、四角の重箱に味噌を入れ、円い杓子でこれを掬うようなものでござろう、この心得が肝腎かと存ぜられます』

光政暫く考えていたが、

『はてそれは心得ぬ、重箱は四角のものゆえ、それを円い杓子にて掬うとすれば、必ず隅々へはゆきとどきますまいが？』

『いかにも――』

と勝重は当然のような顔をした。

光政は『何故？』と訊こうとした。

それを押えて勝重は説明を加えた。

『あなたのようなお若い方が民政に志を傾けられる事は誠に結構と存じます。しかし、察する処、あなたは必ず領藩の国中その隅々までも残る所なく処理なさんと心得られることでしょうが、それはまず不可能でありまたよく御座いません』

『ほう、それはまた――?』

光政は一膝のり出した。

『他人の事は、仮令《たとえ》領民と雖も、我が思うままにはなかなかならぬものでございます。そこで寛にして人心を得ることが政治の枢要でございます。即ち角の重箱より円い杓子で掬う如く些か手落ちがある位が結構なのです。あまり明敏で苛酷、隅々まで杓子が及びますとしばしば国を破りますでなあ、腹八分、政治も八分でございますぞ……』

板倉勝重は京都所司代として多年商人達の訴訟などを裁くことに当っているだけによく下情にも通じていたと見え、こう云う明言を吐露した。

それからと云うもの池田の家憲として、『四角い重箱に円い杓子』は政治道の要諦、要領とされ、光政は一代の名君と仰がれた。

(伊藤松雄)

■解説■

池田光政(一六〇九~一六八二)は、江戸時代初めの岡山藩主である。光政は、武将としてきこえた池田輝政の孫で、祖母は徳川家康の娘の督姫である。新太郎といい、左近衛権少将の位についたので新太郎少将を呼ばれた。備前(岡山県)三十一万五千石の殿様として治績をあげ名君といわれた。近江聖人の中江藤樹を師として学び学問を好んだ。あるとき家臣たちといっしょに「孝経」という中国の本をよんでいて、「争臣」の章まできると、光政は『大事なのはここである。君臣のへだては心は一つでなければならぬ。私にまちがいがあれば遠慮なくいさめるのがお前たちのつとめである。お前たちも人の忠告に耳をかたむけるように』と言ったという。学者の熊沢蕃山を招き、一六四一年(寛永十八)には上道郡花畠に学舎をつくり、藩の子弟の学問、武技練習場とし、一六七〇年(寛文十)には閑谷学校を設けた。このため岡山藩では学問がさかえた。光政自身の学問も儒学、神道、仏教の各方面にわたり、著書もお経の解読から兵書にまでおよんでいる。

一方、板倉勝重（一五四五～一六二四）は、江戸時代初頭の幕臣である。幼少の頃は僧であったが、肉親の戦死のため還俗して家を継いだ。天正十四年（一五八六）、徳川家康が駿府に入ってから駿府町奉行を命ぜられ、治績を認められて関東入部に際しては江戸町奉行になり、関東代官を兼ねた。また慶長六年（一六〇一）には京都所司代に起用され、約二十年間その職を努めた。裁判におけるその裁量にはみるべきものがあり、京都の人心を徳川氏にひきつけるのに役立った。その間、金地院崇伝とともに寺社関係の仕事も行い、家康の信頼は非常に高かった。寛永元年四月二十九日死去。八十歳であった。

ここで、名君池田光政が遺したという「閑谷学校」について触れておこう。

閑谷学校は、岡山藩主池田光政によって開設された日本最古の庶民学校である。藩士のための教育施設（藩校）「岡山学校」に続き、岡山藩立の学校として開かれた。建築は二期に分けて行われ、三十二年の歳月を要した。他に例を見ない手間暇かけた質とスケールを誇り、三百三十余年の歴史をもっている。地方の指導者を育成するために武士のみならず庶民の子弟も教育した。また、広く門戸を開き他藩の子弟も学ぶことができた。就学年齢は八歳頃から二十歳頃までであった。カリキュラムは一と六の付く日には講堂で儒教の講義があり、五と十の付く日は休日となっているなどであった。頼山陽などの著名人も来訪し、幕末には少年時代の大鳥圭介もここで学んだ。

岡山藩は学校領を設け藩財政より独立させ、学田や学林を運営させた。これにより、もし転封や改易により藩主が交替となった場合においても学校が存続するよう工夫した。ここに岡山藩がこの学校をいかに重要視していたか、その一端が窺える。

建造物のうち、講堂が国宝に指定され、閑谷神社、石塀など二十四棟が重要文化財に指定されている。また、二本の巨大な楷（かい）の木や周辺のもみじが美しく、秋の紅葉名所でもある。

容堂候の号の由来

いつも私のところへ俳句を見せに来る若い人と話していながら、その話題の中で私の心持に最も強く触れた一つをここに紹介する。

それは一口にいえばよく人言を容れる寛厚の徳の佳話である。この話が特に私の心を引いたのは、私自身平素とかく心が狭く気の短いことを反省し、もっとゆったりした気持で世間や人間に対わねばならぬと考えていたからである。話は土佐の藩主山内容堂候の『容堂』の号の由来に関するものである。

候は一代の人傑であったが性来一徹で雅量に乏しかった。ある時水戸の烈公と共に墨田川に舟を浮べて置酒した。候は興に乗じ舷《ふなばた》を叩いて、美なる哉水《かなみず》の洋々たる、と高吟し、烈公またこれに和した。すると傍らに侍していた藤田東湖が、襟を正した山内候に向い面を冒して敢ていった。『凡そ人君たるものの度量は須《すべか》らくこの流れのごとくなるべし。この水は、美となく穢となくこれを容れ、汪々《おうおう》と注いで尽くることがない。密に伺うところによると候は襟度あまりに狭くして一滴の汚れをも容れることが出来ないというのはまことか』その時日頃剛情我慢をもって聞こえた山内候が東湖のこの直言に対して我を折って、深く直言を謝すると共に、辞を低くして願わくは我がために終身反省の資とすべき号を撰び給え、といった。東湖も感激して謹撰したのが即ち容堂の雅号であるというのである。東湖の偉かったこともわかるが、容堂候が矢張り人君の器であったことがわかって面白いと思う。

（富安風生）

解説

山内容堂（一八二七～一八七二）は、幕末の開明的な土佐藩主で、大政奉還を建白したことでも有名である。豊信（とよしげ）と名乗る。容堂は号で、ほかに鯨海酔候、九十九洋外史、酔擁美人楼などの別号をもつ。一八四八年（嘉永元）分家から入って襲封した。黒船来航を契機に藩政改革に乗り出し、あわせて松平慶永や島津斉彬らと一橋慶喜を将軍継嗣に擁立する動きに参画した。しかしことは成らず、安政の大獄の弾圧のなかで隠退したが、謹慎を命ぜられた。一八六二年（文久二）勅使東下のなかで活動を再開し、将軍後見職一橋慶喜らに朝幕間の調和を説き、公武合体をはかった。明治五年（一八七二）歿、四十六歳であった。

藤田東吾（一八〇六〜一八五五）は、江戸時代末期の思想家・尊王攘夷論者である。水戸藩士で彰考館総裁の藤田幽谷の子である。通称虎之助と云い、一八二七年（文政十）父のあとをついで彰考館編集、一八二九年（文政十二）総裁代理となり、藩主徳川斉昭の信任を受けて藩政改革に活躍した。また橋本左内、西郷隆盛らと交わって尊王攘夷派の志士の指導者として活躍したが、安政の大地震にあって江戸で死亡した。幕末の江戸学の代表で、著書に「正気歌」「回天詩史」などがある。

厳父の厳

故元帥寺内正毅伯は、幼名を壽三郎といって、頗る腕白者で、常に一方の餓鬼大将であった。

実家が貧しかったので、大勢のお子さんに銘々新しい着物を着せてやるわけに行かず、伯の母親は絶えず苦心惨憺されていた。

伯が幾歳の頃であったか、兄さんの旧衣を張り替えて着せられた伯は、夕餉の膳に就いても不平満々、袖を引いたり、襟を摩ったりして、自分の身に合わないのを呟いておられた。

『壽三郎、早く御飯を食べないか』

と再三催促されても、やはり伯は愚図っておられた。

すると、伯の厳父は、伯の剛情を矯《た》めそうと思われたのであろう、起って伯の襟首を掴んで縁先へ抛り出された。

伯は縁から庭へ転げ落ちて、顔に擦過傷を負われ、血が滲み出た。けれど、聞かぬ気の伯は、黙って、泣かれなかった。

少時《しばらく》して座へ戻り、仏頂面して箸を戴き、食事を終えて外へ出られた。

爾後伯は、衣食に対しては一言の不平も云われず、どんな蔽衣粗食にも甘んぜられたということだ。

乃木大将の幼年時代と酷く似ている。

昔の武士の家庭教育は、概して厳格であった。それに比して当今、吾々の家庭教育は余りに優し過ぎはしまいか。体罰は兎も角、せめて食膳へ向った間だけでも正坐させたらどうだろう？　それさえ寛大に見過ごす父兄が多い。『不良少年の父』と題する小説に、某名士の長子が不良になった。その原因は、食事の時、子供が胡坐《あぐら》をかくのを寛容したのにあった、と書いてある。詰り、厳父の厳が欠けていたからだ。御互に反省すべきであろう。

（八渡則吉）

解説

寺内正毅（一八五二～一九一九）は、嘉永五年二月五日、周防国吉備郡（山口県山口市）で、長州藩士宇田多正輔の三男として生まれた。のちに寺内勘右衛門の養子となる。戊辰戦争に初陣し、明治二十七年陸軍少尉に任官後、要職を歴任し、初代教育総監・第一次桂内閣の陸軍大臣に任じられた。大正五年元帥府に列せられ、同年首相となった。大正八年（一九一九）十一月三日死去。六十八歳であった。

執筆者の八波則吉（一八七五～一九五三）は、日本文学研究者、国語教育学者、作詞家である。福岡県宗像郡下西郷村大字内殿（現・福岡県福津市内殿）に生まれる。一九〇一年、東京帝国大学国文科を卒業した。一九〇九年から一九一四年にかけて、文部省が『尋常小学唱歌』を編纂した際に編纂委員となり、芳賀矢一（委員長）、佐々木信綱らと共に編纂に尽力した。一九一六年から一九二〇年にかけて、文部省の教科書編纂官となって尋常小学校の国定教科書の改定に専念し、高野辰之らとともに『尋常小学国語読本』を編纂した。その後、一九二〇年に第五高等学校教授となり、多くの著書を残す。一方で、数多くの小学校、中学校、高等学校の校歌や、唱歌、市歌などの作詩を手掛けている。

分秒の時を惜しむ

名高いイギリスの学者チャールズ・ダーウィンは有名な『ビーグル』号の世界一周の航海から帰ると、全く健康を損ねて、田舎へ引っこんで、一生細君の細かい注意の下に生活した。

朝起きると散歩に出る。散歩にはどのステッキを持って行く。歩く距離は何処から何処まで。朝飯は七時半。八時から九時まで仕事、それから朝来た郵便物の整理。寝椅子の上で一休み。さてまた十二時まで仕事。

昼飯の食堂へは時々少しおくれて、にこにこ顔ででてくる。

『さあ、これで今日の仕事はたっぷりやった』

だが、この間にちょくちょく子供が書斎へ顔を出す。

『お父さん、十銭あげるから遊んで頂戴』

ダーウィンは非常な子煩悩だった。

『そうかい。お父さんはとてもいそがしいんだがね、それでも十銭くれるんじゃ遊ばないわけには行かないね』

学者によくあるように、別段むずかしい顔もしないで、のぞいていた顕微鏡から眼を離して立ちあがる。

こういう温厚な人柄は何にでも現れた。仕事の関係上、未知の人からもたくさん手紙が来る。それに一々丁重な返事を書いた。来客の長居にも機嫌よく相手をした。村のこともよく世話をやき、倶楽部の会計委員をやったり、治安裁判官なんて面倒な仕事も数年勤めた。

それでいて、自分の研究は少しも怠らず、十何巻というすばらしい大きな書物を書いた。その結果、進化論を大成し、生物に関する学問を天と地とあべこべにしてしまった。

それだけにまた時間を尊ぶこと一通りではなかった。殊に短い時間の使い方について、よく長じた子供たちに教えた。

『仕事を成就するには分秒を惜しむことが大切だよ』

光陰矢の如しという。一寸の光陰軽んずべからずともいう。ダーウィンの人柄とダーウィンの成就した仕事の跡を顧みると、この言葉が眼の前に生きてくる。

（内山賢次）

解説

ダーウィン（一八〇九～一八八二）は、イギリスの博物学者で進化論者である。イングランド西部のシュズベリに医者の子として生まれた。十歳ごろから昆虫に興味をもち、昆虫のほかにも貝がらや植物などの標本を集めてよろこんでいた。エジンバラ大学の医学部、ケンブリッジ大学の神学部に学んだ。卒業してビーグル号という海軍の測量船に乗り南半球一周の旅に出た。この旅はダーウィンを進化論者として出発させる旅でもあった。アフリカの西を通って南アフリカの東海岸へまわり、赤道直下のガラパゴス群島まで行ってからオーストラリアの南を通り、インド洋に出て、イギリスに帰ったのは五年のちであった。そしてこの地球をおおっている土や岩や砂などが、太陽や雨や地震や波の力によって、いろいろに進化した証拠を見た。地球は大昔からいろいろの力をうけて進化してきたことを信じるようになり一八五八年に「種の起源」という本をあらわして『生物は下等でかんたんなものから、しだいに高等なものに進化する』ことを多くの例をあげて説明し、人間もまたサルに似た動物から進化したと説き、この進化論の学説は世界にひろがった。著書には、ほかに「ビーグル号航海記」「飼育による動植物の変異」「サンゴ礁と増殖」などがある。

名誉の借財

大統領の任期を終ったグラント将軍は一家の生計を維持するためにワードという男と共同して銀行業をはじめた。

が、元来、若い時から軍人生活をして来て南北戦争には北軍の総司令官となりリンカーンの片腕と頼まれた程の軍人気質の将軍に商売のことのわかる道理はなかった。

生来清廉潔白で他人を信ずることの深い将軍は共同者のワードを疑うことなく、全くその勝手に任せてたので、ある日、彼から三十万円の金がなければ破産してしまうと聞かされた時には全く驚いてしまった。

将軍は知人からその大金を借りてワードに渡した。その金も瞬く中に消え、銀行は破産しワードは行方不明、残るは三十万円の借財だけとなった。将軍の窮状を見た貸主は三十万円の借財を棒に引くと申出た。

『あなたは元の大統領。その名誉の方から無理に返金して頂く積りはございません』が、将軍は言下に答えた。

『その、元の大統領の名誉のために、わしはあんたの御親切の申出をお受け出来ません』

将軍は全財産を貸主に提供した。そして不足分は働いて返金すると申送った。将軍は自叙伝を書いて書にしようと考えたのだ。が、不幸は隊をなして来るとの諺通り、将軍は再び起つことの出来ない重病となった。でも、将軍は屈しなかった。寝台の上で重いペンを走らせた。

将軍は国家が自分の児孫を飢えさせては置かないとは知っていた。けれども自分の生きている間に故なく国家からも個人からも恵みを受けることは快《こころよ》しとしなかった。

日に夜をついで将軍は書きまくった。人々は将軍の健康を気遣った。名誉の借財の最後の一セントまでも立派に払うために、凄まじい苦闘が病床の上で闘われた。

『老将軍を死なすな。義人を助けよ』

声は合衆国のみではない。ヨーロッパまで潮の如くに広がり、篤志の義金は日毎に送り届けられた。けれど将軍はペンを擱かなかった。

日に日に衰え行く心力を駆って将軍は書いた。気力が弱って遂には低い声で話すことさえ出来ない程になった。その間も将軍は軍人らしい質朴な文体で読む人々を感動させずには置かない自叙伝を綴って行った。

血をしぼる苦しい日と夜が続いた。そして遂に最後の日が来た。その日、将軍は最後の一行を力の弱った指で辛うじて書き終わり、最後のピリオドをポツンとうつと、もう読み返す気力もなくうなだれた。男らしい雄魂を神の御許に返したのである。

九百万円、それは将軍が自分の名誉を守るために、又児孫の幸福を購《あがな》うために死の瞬間まで書き綴った魂の記録の結晶であった。　（池田宣政）

■解説■

グラント（一八二二〜一八八五）は、アメリカ合衆国の軍人・政治家である。オハイオ州に生まれ、陸軍軍人としてメキシコ戦争に参加ののち、軍務からしりぞいたが、南北戦争が起こると義勇軍をひきいて奮戦し、一八六三年にリンカーンの下で北部軍の最高司令官となり、ついに南部軍を降伏させた。一八六八年、共和党から大統領選に立候補して当選（第十八代）、一八七二年に再選された。引退ののち、一八七九年世界一周の旅にのぼり、日本へも訪問した。

執筆者の池田宣政（一八九三〜一九八〇）は、昭和期の児童文学作家である。明治二十六年（一八九三）東京府東秋留（現・東京都秋川市）に生まれた。給仕をしながら正則英語学校夜学で英語を、青山師範学校時代は独語を独習した。のち小学校教員となり、大正十五年「なつかしき丁抹の少年」（単行本「桜ん坊の思い出」）を少年倶楽部に投稿。以後少年小説作家として次々と作品を発表した。「リンカーン物語」「偉人野口英世」などの伝記もの、南洋一郎の名で「吼える密林」「緑の無人島」などの冒険小説、翻訳の「怪盗ルパン全集」、さらに萩江信正の名でスポーツ物語など旺盛な執筆活動を続けた。そのほか、「南洋一郎全集」（全十二巻）が刊行されている。

無情な誡め

講談師初代神田伯山の弟子に伯勇と云う少年が

いた。ある厳冬の夜、席がはねてからの帰り道に、

『伯勇こん夜は馬鹿に寒い。どうだ蕎麦でも喰って行こうか』と伯山が云った。

『へえ、有難う存じます』

伯勇は、師匠の後について蕎麦屋へ入った。

『いらっしゃいまし、何を差し上げましょう?』

『お銚子を熱くして天ぷらを一つ』

お銚子とお誂えが出ると、伯山は熱燗をぐびぐび傾けながら、一人で甘そうに蕎麦を食べている。

伯勇は、自分にも蕎麦を註文してくれるのだろうと思っていたところが、予期に反した有様なので、余りと云えば冷酷な仕打と、内心ひどく憤慨したが、そしらぬ顔で空腹を我慢していた。

やがて、伯山は食べ終わると、勘定を払って外へ出た。伯勇は、癪にさわって、提灯を持つ手さえ震えている。

『伯勇、お前もさぞ蕎麦を食いたかったろうな。夜席の帰りに、熱燗で天ぷらなどは洒落たものだぜ。お前もそれをやりたいと思ったら、早く一人前の先生になることだぜ』

伯山は、如何にも小馬鹿にしたように云いながら、悠々と帰って行く。伯勇は、何と云う情を知らぬ師匠だろうと、ますます憤慨して、伯山をお玉が池の宅へ送り届けると、空腹を抱いて浅草馬道の自宅へ帰った。

夜更けだったが、幸い父親が起きていて、『いまお帰りか!』と親切にいたわってくれ、火をおこしたり、湯を沸かしたりして、食事の支度をしてくれた。

伯勇は、親と師匠はこうも違うか――伯山の仕打を恨めしく思いながら、その夜の出来事を残らず話した。

父親は、わが子の話を訊くと顔色を変えて坐り直した。そして、うむーと呻り声を出したかと思うと、伯山の住まっている神田の方に向って合掌した。

『師匠、有難う存じます。数ならぬ倅をこうまで立派な講談師にして下さろうと云うお心持ち、ほんとに有難うぞんじます』と涙ながらに感謝する

のだ。この光景に少年の伯勇は、一層驚いた。

それから、父親は師匠の有難いことをしみじみと説き聞かすのだった。伯勇は初めて師匠の心づかいを知って愕然とした。

『ああ俺はかりにも師匠を恨んだりして、間違っていた』

それから一心に芸に精進した。後に松鯉と云った二代目伯山、それがこの少年だった。

（鈴木氏享）

解説

神田伯山（初代）（?～一八七三）は、幕末明治期の講釈師である。武州川崎の生まれで、本名は斎藤定吉と云った。神田派の祖・初代伯竜の門人で、兄弟子に二代目伯竜、初代伯円がいた。最初ののんびりダラダラ演じ、後半一気呵成に転ずるという独自の演出で評判となった。「宮本武蔵」「天一坊」「大坂軍記」などが有名で、なかでも「天一坊」は歌舞伎の世界にもとり入れられ、影響を与えた。師没後は事実上神田派の宗家となる。常に帯刀し高座の刀架けに脇差をのせてから話し始めたという。この愛刀は二代目に伝えられたが、のちに古武具類を納める靖国神社遊就館に献納された。明治初年に引退、明治六年十月四日死去。

この話に出て来る弟子の伯勇が、二代目神田伯山（一八四三～一九二一）で、本名玉川金次郎といった。飯田町九段中坂下に生まれ、十五歳で初代神田伯山に入門し、伯勇、小伯山を経て、二十八歳で二代目伯山を襲名。「水滸伝」などを得意とした。その後、名跡を譲り、隠居名「神田松鯉」に改名した。一九一三年浅草金車亭で講釈師、落語家を集め、高座生活五十七周年記念の祝賀演芸会を開催した。実子は二代目神田松鯉である。

乃木大将の大敗

学習院長、乃木将軍は運動会の時、必ず生徒達に、

『勝敗に関せず、キット、決勝線に到達せよ。譬え敗れても、中道で挫折してはならない』

と申されました。

ある日の運動会に職員競争が始りました。運動の種目は戴嚢スプーンレースであります。砂入りの袋を頭に戴き、杓子に鞠をのせて運動場を一周するものであります。周囲からは怒濤のような歓声が湧き上がりました。

観衆は悉く総立ちです。将軍はと見れば、段々に遅れて、今やドンジリとなりすまし、先頭とは、愈々烈しい隔たりを生じて来ました。従って、運動場をとりまき歓呼熱叫せる全大衆の視線は、悉く、将軍ひとりの疾走姿に集注せられました。

将軍は、依然、スタートの時と同様の速度と駈方とで疾駆を続けられております。

眉宇に真剣の閃きを漲らし、真面目に走り続けられております。

将軍の過ぎゆく処、場を揺がす萬雷の拍手と熱狂の声援とが、大渦をなして湧き上がります。

見よ、見よ。

我等の老将軍は駈けられます。一心不乱に駈けられます。それは、何という悲壮な偉観でありましたでしょう。

とうとう将軍は最後まで明るく、正しく、駈け抜き、競走場裡、最終の人として、決勝点へ到着せられたのでありました。

翌朝、満都の新聞には、二号活字の大見出しで、
乃木将軍大敗す
と書立ててありました。

ある一教授は、将軍のこの熱走ぶりに涙しつつ、

『勝敗に関せず、キット、決勝線に到達せよ、譬え敗れても、中道で挫折してはならない』

と云う、競走精神の大真髄を、萬余の大衆に具現せんと決意せられた上の事であったに相違ない、将軍独特の、「教訓的大競走」の妙機であった』と、讃嘆激賞、是を久しうせらるるのでありました。

（服部義純）

解説

乃木希典（一八四九〜一九一二）は、明治時代の陸軍軍人である。山口県で生まれ、長州藩士で萩

の明倫館で学び、戊辰戦争、西南戦争に参加した。一八八六年（明治十九）ドイツに行き軍制・戦術を研究、日清戦争には旅団長として参戦した。一八九六年（明治二十九年）台湾総督となり、日露戦争には第三軍司令官として旅順を攻略、陥落させて戦勝へ導いた。のち学習院院長となったが、明治天皇大葬の日に夫人節子とともに殉死した。古武士的軍人の典型といわれた。六十四歳であった。

うつし世を　神さりましし
大君のみあとしたひて　我はゆくなり

乃木希典の辞世である。

あとがき

読者諸氏もこの本を読んで、それぞれに何かを感じられたことと思う。では、どんな話があったのか、一度整理してみよう。

親愛の心

○孫の為に愛情あふれる遺訓を遺したアメリカのジェファーソン大統領
○亡くなる直前まで、愛弟子の行末を案じていた大関大の里
○我が子の素質を信じて自宅で教育し、世界の発明王に育て上げたエジソンの母
○自らの健康を害してまで、禁煙を実行し、学生に範を示した坪内逍遥
○弟子を連れて蕎麦屋に入り、自分だけ酒と蕎麦を飲食して、無情の愛を以て弟子を発奮させようとした講釈師の初代神田伯山

不撓不屈の心

○自転車事故で大けがをし、半身不随となった青年が、発奮努力して勉強した結果、弁護士となり、その後、政界入りして蔵相にまで立身出世したイギリスの政治家スノーデン
○日本全国を巡回して講演活動を行い、途中で身体を気遣った本国アメリカからの帰国要請を拒否し、最後まで活動を続け、日本国民に感動を与えた三重苦の偉人・ヘレンケラー女史
○銃猟事故で失明したにもかかわらず、逆境を撥ね退けて果敢に努力し、のちに大臣にまで出世した政治

家ヘンリー・フォーセット
○イギリスの行政官の地位と俸給を振り捨てて異国の地インドにおいて、命をかけて布教活動を続け、成果を収めたイギリスの宣教師カッターの話

信用を大切にする心

○仕事の手を抜くと、賃金を損した上に、自分の技や良心まで損をするとして、持てる技を最大限発揮して立派な仕事を成し遂げたアメリカの大工の話
○製品の欠陥をいち早く認めて謝罪し、再修行の後、良品を作り信用を回復させたアメリカのカメラ王ジョージ・イーストマンの話
○関東大震災の時、高価な美術品には目もくれず、商売用の鰻を守るべく、千住へ避難させたうなぎ屋の主人の天晴れな心意気

努力一筋の心

○時計会社で働く小僧が、熟練工から聞いた、最優良の時計の如く一生懸命努力して働き、その会社の社長にまで出世したアメリカのパウリッチ・ユーラの話
○無学の農業青年が、十年をかけて日本一の夏大根を作り、明治天皇の目にとまり、皇室献上の名誉を得た、大根作りの名人、辻川梅次郎の苦心談
○二十六歳で商店の小僧となった青年が、他の小僧が寝ている間にも、店の商品を調べ上げるなど、人知れぬ努力の結果信用を得て、成功した大阪の鉄商、津田商店の初代津田勝五郎

ひた向きな心

○高僧が着ていたボロボロになった、ツギハリだらけの寝衣を貰い受けて大切に保存し、宝物として後世に遺した、市井の女性・井上仲子の心意気

○ピアノ会社の小僧が、その会社の破滅につながりかねない労働争議に直面し、彼のひたむきな機転により、労使双方の意識を目覚めさせ、社の守護神と崇められたアメリカの青年フレーミングの話

○大和船が時化に遭った時、長年の経験で、海水に手を浸けた感触から、正確に遭難位地を確定し、乗組員の命を救った神の手を持つ炊夫の話

利他の心

○自分の為に使いに行った青年の代りに、大根を洗うのを手伝って、喜んで人の僕となる利他の心を持っていた、明治・大正期の政治家として活躍した江原素六翁の話

○余命幾許もない身でありながら、入院先の病院において、便所の履物を揃え、無言で人々を化導された京都大徳寺住職・佐賀慶順禅師の話

慈善奉仕の心

○『富は神よりゆだねられた神聖なもの』『富んだまま死ぬのは不名誉なことだ』と云って、社会事業に多額の寄付をしたアメリカの鋼鉄王カーネギー

○関係する六百余の社会事業の殆んど全部に自身でも寄付するなど寄付金王と称された日本の実業家・渋沢栄一翁

○ロックフェラー財団を作り、世界三十七ヵ国の慈善事業に寄付するなど、慈善事業につくしたアメリカ

の石油王ロックフェラー
○晩年には日比谷公会堂、東京大学講堂を寄付するなど社会事業に尽した実業家、安田善次郎翁
○百万円を寄付して上野の府美術館を建て、百五十万円を寄付して駿河台に佐藤新興生活館を建てて生活改善に乗り出した九州の炭鉱経営者佐藤慶太郎の話
○全財産を投じて天竜川の改修にあたり、また、済生会に財産を寄付するなど、一生を社会事業につくした、明治・大正期の実業家・金原明善翁
等々。

以上のとおり、代表的なものとして、思いつくままに挙げてみたが、全編を通して何れの話も良い話で感動する内容であったと思う。

ところで、良い話を聞いた時には、誰でも心が洗われる思いがするものである。

お寺の住職さんのありがたい法話を聞いた時、教会の牧師さんの愛にあふれる説教を聞いた時、また、講演会等で感動した話を聞いた時など、実に心が洗われる思いがするが、その場を出た途端に話の内容は半分忘れていると思うが、諸氏は如何だろうか？　一週間もすれば二割ほどしか憶えていない。しかし、それでよいのである。

ここで昔母から聞いた話をご披露しよう。それは「芋洗い籠」のたとえばなしである。私の田舎では、竹で編んだ芋洗い籠で里芋を洗っていた。籠の中に土のついた里芋を入れ、川の水でジャブジャブ洗うと、里芋の皮は剥け、土や汚れは水で洗われ、綺麗にしてくれる。洗ってくれた水は籠の外に出で、綺麗になった里芋は籠の中に残っている。

良い話を聞くと云うことは、その話が心を綺麗にしてくれる、芋を洗うときの川の水と云うことになる。

幼き頃、母から貰ったこの本のお陰で、私は偉くなったとは思わないし、成功を遂げたとも思っていない。が、八十路半ばが近づいている今日まで、人としての道を外すことなく来られたということに、有難く感謝している。

最後に、私を生み育ててくれた母のことについて少し触れておきたい。母が三十五歳の時に私が生まれた。昔のことであるので、かなりの高齢出産であったと思う。出産後、母の腹部に拳大のしこりが出来たが、医者に診て貰っても良く分らないとのことで、不安な日々を過ごしていたとのことである。当時、村では小豆島の観音霊場参りが行われており、母もその巡礼に参加したのである。巡礼から帰ってみると、大きなしこりはあとかたもなく消えていた。「観音様が、願いを叶えて下さった」のである。それからは、毎年の如く小豆島観音霊場巡りの旅に参加するようになったと述懐していた。

また、私が幼少の頃、村の外れの河川敷に小さな観音様（地蔵さまかも？）が祀られ、母に連れられよくお参りした記憶がある。戦時中の食糧難の時代であったので、栄養不足のためか、よく「出来物＝おでき」ができて、村の診療所で診てもらっていた。なんとか観音様に願いを聞いてほしい一心からであったと思う。その思いは幼い自分にも十分に伝わっていた。これこそが「無償の愛」であったのだと有難く思っている。

母は、田舎の百姓家で生まれ育ったが、小学生のころは勉強がよくできたらしく、向学心に燃え両親に上の学校（女学校）に行かしてほしいと頼んだが、「嫁に行くのに学問はいらぬ」といって行かせてくれなかったそうである。それでも本はよく読んだと言っていた。いろんな話を教えてくれた。今思えば、この冊子の元本である「月刊雑誌・キング」も、定期購読しており、その内容についても、私に聞かせていたのではないかと思うのである。

これからの若者たちにとって、この本が「青春の道しるべ」となれば望外の喜びである。

令和元年母の日に寄せて

竹内資郎

竹内資郎（たけうち しろう）

昭和11年兵庫県で生まれ、県立北条高校卒業。
昭和31年兵庫県警察官拝命、約40年間勤務。
その間網干署長、神戸水上署長、西宮署長を歴任し、
平成９年、県警本部生活安全部長を最後に定年退職。
平成26年秋の叙勲で瑞宝小授章を受章。

退職後は兵庫県加西市所在の古法華石彫アトリエ館に所属し、
十一面観音菩薩立像、釈迦涅槃像、七福神石像の外
薬師三尊磨崖仏、阿弥陀如来磨崖石像及び達磨尊者磨崖石像
など30数体の石仏を彫る。
現在も仲間と共に石仏を彫っている。

先人の知恵に学ぶ　～母から貰った一冊の本～（その復刻と解説）

2019年７月８日　発行

著　者　竹内資郎
発行所　ブックウェイ
〒670-0933　姫路市平野町62
TEL.079（222）5372　FAX.079（244）1482
https://bookway.jp
印刷所　小野高速印刷株式会社
©Shirou Takeuchi 2019, Printed in Japan
ISBN978-4-86584-410-8

乱丁本・落丁本は送料小社負担でお取り換えいたします。

本書のコピー、スキャン、デジタル化等の無断複製は著作権法上での例外を除き禁じられています。本書を代行業者等の第三者に依頼してスキャンやデジタル化することは、たとえ個人や家庭内の利用でも一切認められておりません。